Seagull Books
横浜市立大学
003

ハイテク覇権の攻防

日米技術紛争

黒川修司

東信堂

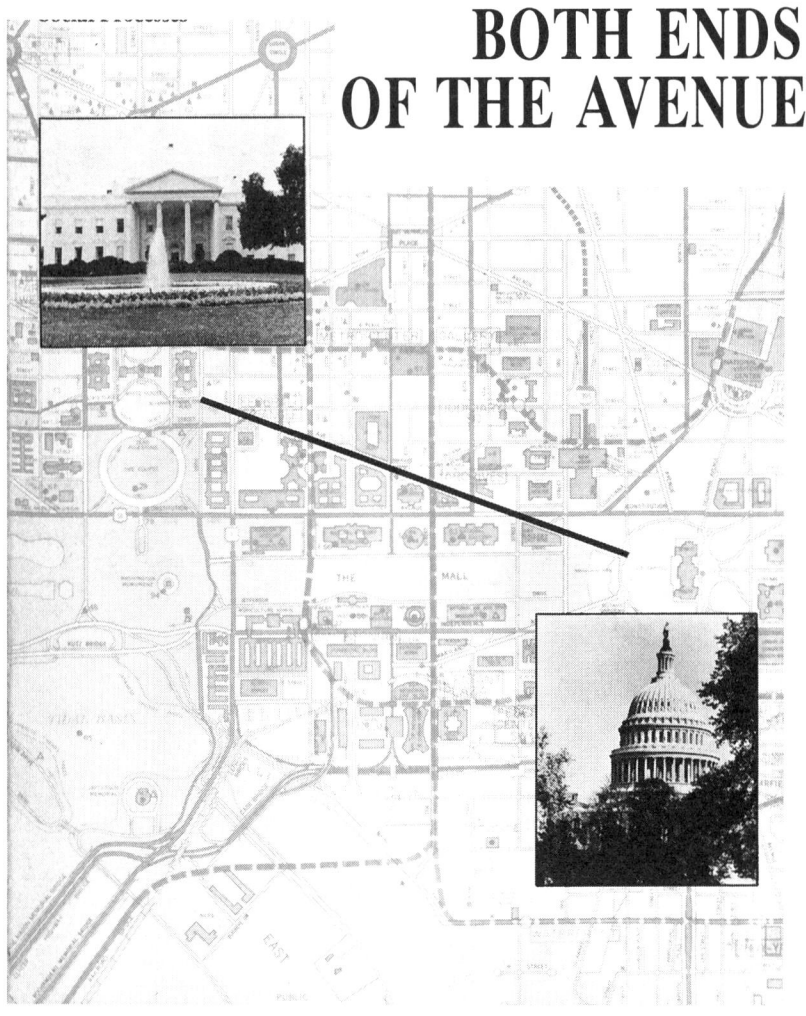

ペンシルヴァニア通りの両端にホワイトハウスと連邦議会が位置する

(Anthony King, ed., *Both Ends of the Avenue*, American
Enterprise Institute for Public Policy Research, 1983, 表紙より)

はじめに

　本書は主として1990年代の事例を1つの核として構成されている。そこで1999年の時点に立ちもどり、日米経済関係を考えてみると、クリントン政権は明らかに保護主義の色彩を強めていた。まず、1月26日に大統領命令で通商法スーパー301条を復活させた。この背後には史上最悪の貿易赤字がある。98年度の貿易赤字は11月までで既に過去最悪であった87年を上回り、最終的に1680億ドル程度の過去最悪の数字となる見込みであった。

　95年7月に日米間の焦点となった自動車部品交渉と航空の以遠権交渉、フィルム摩擦という「制裁三点セット」を取り上げて、どのような通商法規が関係してくるのか、日米の政治経済構造が紛争といかに絡んでくるのか、今後どのような点が問題となるかを見てみよう。さらに、過去を振り返り分析することの必要性も訴えてみたい。

　まず、ジュネーブで交渉した日米の当事者を見ると、次官レベルでは決着がつかずに日本側は橋本龍太郎通産大臣（当時、以下の本書における記述も同様）、米国側がカンター通商代表の交渉になった。通商代表（USTR）とは最近でこそテレヴィでよく見かける顔であるが、あまり馴染みのある政府組織ではなかろう。カナテコ

で日本市場をこじ開けると言ったブッシュ政権(1988〜92年、以下本文中も同じ)のヒルズ通商代表が日本で有名になったが、そもそもどんな機構であるのか知る人はあまり多くないのではないだろうか。USTRは第1章第2節で説明している。

　航空交渉はロサンゼルスで亀井静香運輸大臣とペニャ運輸長官との間でわずか3時間半で終わった。20年に及ぶ日米航空交渉において、日米の閣僚が登場したのは異例のことであった。しかし、中身は「国内向けの政治ショー」であった。どの経済紛争でも、米国側が制裁発動の手続きを進め、それに日本側が反発するという図式であった。対決ムードが高まり、交渉決裂かと思われたが、最終局面になると閣僚が出てきて決着になる。官僚達が閣僚の出番を計算して交渉をしているように見える。本来の争点であったフェデラル・エクスプレス社の以遠権路線の開設はほぼ無条件に受け入れた。見返りに日本からシカゴへの貨物便の新路線が認められた。

　自動車協議は対日制裁の直前で合意がなされた。米国の対日制裁の決定期限である7月28日までぎりぎりの交渉を続けていた。世論調査では米国人の72％が対日制裁に賛成であった。米国側が制裁を取りやめたので、日本側も世界貿易機関(WTO)への対米提訴を取り下げた。3回の決裂を繰り返してきた日米自動車協議は2年近くの交渉の末、ようやく決着したのであった。94年2月の日米首脳会談で、当時の細川首相とクリントン大統領は、自動車などの通商問題で「ノー」と言い合った。そのとき細川首相は日米関係はこれで成熟した「大人の関係」になったと胸を張ったことを覚えている日本人も多いはずだ。日米ともに半導体問題の後遺症に悩んでいた。日本側は当初否定していたサイド・レターの存在が

表に出て、結局は米国側に米国製半導体を20％日本国内で利用するとの公約の証拠にさせられた苦い体験があった。86年に日米半導体協定が結ばれたときに、松永駐米大使がヤイター通商代表への書簡の形で米国側に約束したものであった。数値目標であっても、どうしても数字は独り歩きして政府間の公約のようになってしまう。秘密の覚え書きで、日本側は米国企業が5年以内にシェア20％の目標に達することを了承し、歓迎し、かつ努力すると述べたのである。この点はC・V・プレストウィッツ二世『日米逆転』(ダイヤモンド社)が詳しい。半導体を中心とするハイテク製品と米国の国家安全保障との関係は第3章で扱っている。

　日本側はサイド・レターが政府間公約とされた苦い経験から、何としても数値目標だけは飲むつもりがなかった。他方、米国は日本側の官僚の戦術にだまされたと思ったので、何としても数値目標を要求していた。しかし米国側は最後に数値目標を取り下げ、日本の自動車メーカーの北米における増産計画を了承した。この計画はあくまで民間の「自主経営計画」であり、日本政府が関与していないことを了承しての結果であった。日本側が配布したのは「日本政府は関与しない」と明記された英文と日本文の共同発表文書であり、部品購入の伸びなどは「○○○から○○○に増加させる」と空欄のままの奇怪な文書であった。クリントン政権が「完成車と部品を買え」と圧力を加えてきた、この交渉の背後には強大な労働組合(UAW)や部品メーカーが存在している。

　日本政府は数値目標の排除を勝ち取ったと主張しているが、クリントン大統領はワシントンDCでの記者会見で「今後3年間で米国製品の購入は90億ドル増加し、50％の伸びになる」という見積

りを発表している。カンター通商代表は「北米での自動車生産は98年までに67億ドルに達し、日本国内での生産のために米国製部品の購入は98年までに60億ドル増加する」との見積りをジュネーブで発表していた。早速数値の食い違いが発生したわけで、それだけ曖昧な合意であることを象徴する出来事であった。日米ともに国内向けの交渉の色が濃く、「玉虫色」の決着であった。数値目標を日本側に追い求め、制裁措置をちらつかせて譲歩を迫る対日通商戦略はこれからも続くであろう。

　日米フィルム摩擦では、イーストマン・コダック社が「日本のフィルム市場は閉鎖的だ」としてUSTRに対して、通商法301条(不公正な貿易慣行への制裁)で提訴した。301条は第4章第3節で詳しく説明した。約300頁にのぼる報告書の中で、コダックは「日本のフィルム市場は、関税引き下げや資本移動の自由化が進んだ1970年代に、通産省が外国企業から国内産業を保護するために業界を指導した。また、富士写真フィルムなどメーカーによる排他的な販売網の系列化が行われた」と指摘し、「リベートなどを使った流通市場の支配や小売り価格の操作を通じて、今も排他的な市場を維持している」と主張した。更に、「公正取引委員会が富士の独禁法違反に目をつむっている」として、日本の独禁政策自体も批判している。反トラスト法は第4章第4節で扱っている。

　コダック社とUSTRとの関係も強力である。フィッシャー社長は古巣のモトローラ社時代の部下でUSTRの日本中国部長であったアイラ・ウルフを東京駐在の副社長に迎え入れた。報告書に調査を担当したデューイ・バレンタイン法律事務所は元USTR次席代表のアレン・ウルフを擁しており、しかも昨年末までUSTRの

日本部長であったチャールズ・レイクがこの問題を担当し、日本市場の分析と調査報告書をまとめたのである。こういう点では日本以上に政府高官の「天下り」が目立つが、ワシントン特有の「回転ドア」はあまり攻撃されていない。

　USTRは今後、最長でも1年間で調査と交渉をして、「改善が見られない」と認定すれば、制裁手続きに入ることになる。二国間協議では米国は競争政策の徹底と公正取引委員会の機能強化などを求めてこよう。

　フィルムで70％、印画紙で50％の占有率を誇る富士写真フィルム1社が、事実上のターゲットであった。1993年にコダック社がカラー印画紙のダンピング訴訟を起こしたときには、富士写真フィルムは米国にカラー印画紙工場を造ることで対応した。世界のフィルム市場を寡占化している米イーストマン・コダックと富士写真フィルムという、二大巨人が世界第2の市場である日本で激突したわけで、今後の展開が注目されるところである。日本市場は94年で4200億円と自動車産業と比べると2桁小さいが、自動車問題と同じ軌跡を辿っているのである。摩擦を解消しようとして、直接米国に工場を建設するが、一向に米国企業の業績が好転しない。そこで更に紛争がエスカレートして、関税を上げる、輸入数量の割り当て、あるいは不公正貿易、知的財産権違反の訴訟というコースである。日本の「不公正市場」の象徴としてフィルムが選ばれたと見るべきであろう。

　本書ではなぜ日米経済紛争が発生するのか、いかなる政治構造の中で経済問題が政治化するのか、米国側の対外経済政策の決定

過程、複雑な通商法規がどう絡んでくるのか、米国の国家安全保障がいかに貿易に関係しているかを分析したい。

構成はまず第1章で経済紛争と米国政治の基礎知識をおさらいしている。通商問題で主役を務める大統領、議会との関係、交渉の相手のUSTR、ダンピング問題や知的財産権で大きな役割を果たすITCというアクターの説明がなされている。第2章で米国の通商が常に国家安全保障と絡んでいること、実はペンタゴンが「産業政策」を推進してきたことを分析し、また現代のハイテク技術と通商問題との関係を考察し、最後にクリントン政権が競争力回復をどのように行おうとしているかを分析している。第3章ではこのような米国の通商戦略の主な手段である法律問題を取り上げている。法律だけでなく、ペンタゴンの省令という馴染みのない問題も扱う。第4章は米国の法律がそもそもいかなる性格のものであるかを、詳細に記述している。301条、スーパー301条、新スーパー301条、スペシャル301条など頭の痛くなりそうな法規を整理してみた。いわば、米国の対日貿易紛争はこうした米国法に基づいて行われているのだから、米国経済法の理解は不可欠である。最後に、「終わりに」で日本側の対応策を考えている。

2000年の大統領選挙では、共和党のブッシュ（二世）大統領が誕生し、8年ぶりの政権交代が行われた。折しも好況を続けた米国の景気にかげりが見え、今後日米経済摩擦が激化することが十分予想できる。日米ともに貿易交渉は国内政治と密接な関係があることを忘れてはなるまい。特に米国では議員が自己の再選のために日本をスケープゴートにしやすいので、あまりマスコミが対立

を煽らないで欲しいものである。

　根本的には日米間の巨大な貿易不均衡が日米経済紛争の原因である。94年度の日本の貿易黒字は1440億ドルであり、米国の赤字は1500億ドルである。そのうち対日赤字が657億ドルで全体の貿易赤字の44％を占めている。またこの中で自動車貿易の赤字が対日赤字の6割近くを占めている。

　米国人の生活に不可欠な「足」である自動車は制裁の象徴になる。しかも、自動車産業は直接・間接的には250万の雇用を生みだし、米国のGNPの5％を生産している最大の生産業なのである。このような状態では、貿易は「ゼロ・サム・ゲーム」ではなく、貿易収支を二国間で見るのは間違いだとの経済学の正論はなかなか通じない。

　しかも気になるのは、ローラ・タイソン大統領経済諮問委員会委員長が『誰が誰を叩いているのか』(*Who's Bashing Whom? − Trade Conflict in High-Technology Industries,* 1993、邦訳: ダイヤモンド社、1993年)の中で日本のシステムを非難しており、クリントン政権の中で日本異質論が聞こえていたことである。彼女はカリフォルニア大学バークレイ校経済学教授であったが、大統領経済諮問委員会の委員長に就任し、クリントン政権に与える影響力が大きいと見られていた。米国人の対日観の一面を代表する見解と思われるので、この本で彼女の考え方を見てみよう。

　彼女は自由貿易を理想とはするものの、現実には国益を重視した一方的措置の重要性を認めているリアリストである。「慎重な行動主義」は防御的であって保護主義とは異なるものであり、GATTを含む多国間ルールでは解決できない問題については、そ

の防止あるいは補償のために自国の通商法を活用すべきだとする。この立場の底にはどうやら、米国のハイテク産業をその外部経済性と安全保障の観点から特別扱いして、保護育成すべきだという自己本位の考えが存在している。ハイテク産業は国家全体の技術能力に大きな影響を持つだけでなく、国家安全保障の観点からも外国から保護すべきだと言う。第2に外国の特定産業保護政策は米国の製造業者に多大な被害を与えているとの認識がタイソン女史にはある。米国は不当な政策によって、当然得るべき利益を喪った被害者であるという意識がその根底にはあると思われる。第3に日本のような国家に対して、一方的な301条やスーパー301条は効果があったと肯定的である。第4に二国間交渉に関して「選択的相互主義」の立場を取るべきだとしている。これは外国企業による市場参入を認める代わりに、その企業の母国に相応の市場開放を要求するものある。

　このようなタイソン女史の考えには、米国の国益を優先するナショナリズムが潜んでおり、国防上の配慮からハイテク産業の保護をうたうその姿勢は、経済学者というよりも自己の再選と選挙区の利益を最優先する政治家に近いものがある。日本は西側諸国とは異質な国家であり、特殊な国で違ったゲームをしているのだから、日本に対しては自由競争の原理を適用する必要がないと、主張する「日本見直し論者」(revisionist) が米国にはいる。異質の国家に対しては理屈は利かないので、力でねじ伏せようとの意見が今後とも強くなろう。

黒川　修司

ハイテク覇権の攻防——日米技術紛争——／目　次

　はじめに ……………………………………………3
　　略語表 ……………………………………………14

第1章　経済紛争と日米関係 ……………………17
　第1節　議会にだけ権限がある通商問題 …………17
　第2節　議会と利益団体が作ったUSTR ……………21
　第3節　対外経済政策の調整は大統領次第 ………24
　第4節　特許権の番人、ダンピングの見張り番＝
　　　　　国際貿易委員会(ITC) ……………………27
　第5節　選挙手段としての日本批判 ………………42

第2章　米国の国家安全保障と経済 ……………43
　第1節　米国のハイテク赤字 ………………………43
　第2節　ヤング報告が「米国版産業政策」の
　　　　　スタートであった …………………………47
　第3節　国防総省が産業競争力強化の牽引車 ……50
　　「国家安全保障」型産業政策　55
　第4節　汎用技術とスピン・オン …………………60
　第5節　クリントン政権における競争力強化政策 …66

第3章　米国の技術覇権戦略の実体 ……………77

- 第1節　MLH（マルティプル・リーガル・ハラスメント）……………77
- 第2節　テクノ・ナショナリズム ……………84
  - ペンタゴンの省令による買収妨害　85
- 第3節　直接投資：エクソン・フロリオ条項の危険性 ……………91
- 第4節　最後の切り札：国防条項 ……………108

第4章　米国法の戦略的活用 ……………121

- 第1節　英米法の世界 ……………121
  - 連邦と州　122
  - 訴訟社会＝米国　123
- 第2節　米国法の域外適用 ……………126
- 第3節　301条とスーパー301条 ……………132
  - 「公正」貿易と経済制裁　132
  - 日本を標的にした301条　135
  - スーパー301条　141
  - 新スーパー301条　144
- 第4節　反トラスト法 ……………145
  - 「麻薬」としての管理貿易　146
  - 共同研究の解禁　149
- 第5節　知的財産権 ……………150
  - 対中制裁　154

第6節　不公正訴訟のゲーム——裁判所か国際
　　　貿易委員会か？ ･････････････････････････155

終わりに——求められる日本の戦略 ･･････････158

提言1　政治家と官僚に「国家戦略」が不可欠である　158
提言2　「産業政策」を廃止すべし　160
提言3　日本企業は自主的に企業防衛をすべし　160
提言4　知的財産権の教育を重視すべし　162

参考文献 ･･････････････････････････････････163
あとがき ･･････････････････････････････････165

略 語 表

CAFC (Court of Appeals for Federal Circuit) ＝連邦巡回控訴裁判所

CEA (Counci of Economic Advisers) ＝大統領経済諮問委員会

CFIUS (Committee on Foreign Investment in the United States) ＝対米外国投資委員会

DARPA (Defense Advanced Research Projects Agency) ＝国防高等研究計画局

DRAM (Dynamic Random Access Memory) ＝記憶保持操作が必要なメモリー

DSB (Defense Science Board) ＝国防科学審議会

GATT (General Agreement on Tariffs and Trade) ＝関税および貿易に関する一般協定

ITC (International Trade Commission) ＝国際貿易委員会

NASA (National Aeronautics and Space Agency) ＝航空宇宙局

NMTBA (National Machine Tool Builders Association) ＝米国機械工業会

NSC (National Security Council) ＝国家安全保障会議

NSF (National Science Foundation) ＝全米科学財団

OECD (Organization for Economic Cooperation and Development) ＝経済協力開発機構

OMB (Office of Managemet and Budget) ＝行政管理予算局

OSTP (Office of Science and Technology Policy) ＝科学技術政策局

OTA (Office of Technology Assessment) ＝技術評価局

SEMATECH (Semiconductor Manufacturing Technology Consortium) ＝セマテック：半導体製造技術研究所

SIA (Semiconductor Industry Association) ＝米国半導体工業会

STR (Special Trade Representative) ＝特別通商代表部

USTR (United States Trade Representative) ＝通商代表

VHSIC (Very High Speed Integrated Circuit) ＝超高速集積回路

ハイテク覇権の攻防
——日米技術紛争——

第1章　経済紛争と日米関係

第1節　議会にだけ権限がある通商問題

　米国憲法1条8項では連邦議会は「外国との通商ならびに各州間の通商を規律すること」と規定している。即ち、米国と外国との間の通商を規律する権限は、大統領にではなく連邦議会にある。これほど立法府の優位が明白な領域は他にない。しかし、議会はその立法府という性格上、国際通商を規制する法律を制定することができるが、それを執行ないし管理することはできない。従って、そのような権限の下で大統領ないし行政府に国際通商を実施・管理する権限を委任することが適当であった。情勢の変化に応じて、1930年代から議会は授権立法によって、行政府に通商規制権を委任する方針になった。1934年にコーデル・ハル国務長官が相互通商協定法を強く支持して、議会は大統領に対して外国との通商交渉及び通商協定締結の権限を与え、更にこれに基づいて関税引き下げの権限も与えた。これにより「立法による関税」から「交渉による関税」へと米国の政策は大きく変化した。議会は権限委譲に色々条件を付けたがり、行政府は通商権限を保持しようとする駆け引きが、この後米国の通商政策の特徴になる。この相互通商協定法はその後も更新され、1962年通商拡大法に至る。これ

はいわゆるケネディ・ラウンドを推進させた法律で、米国通商政策史上最も自由主義的な通商法であった。ケネディ政権の2年目であり、EECの経済発展などの世界経済の変化に対応したものであった。議会からの委任により行政府の通商交渉と通商規制における影響力は強大になった。しかし、他方ケネディ・ラウンドに対する産業界と議会の不満も高まった。第91議会に900もの通商関連法案が提出されたことが、この不満と懸念を象徴している。そのうち約600が輸入制限法案であったのである。産業界からするとケネディ・ラウンドは米国の払った犠牲に比べて、あまりにも見返りが少なかった。

1960年代後半より、保護主義が台頭し始め、貿易収支が悪化し、競争力の衰退に悩む産業部門が出始めた。外交上の利益よりも米国自身の経済的利益を優先させよとの産業界からの圧力が増した。労働組合(AFL‐CIO)も保護貿易主義に賛成し、1970年にはミルズ法案(履き物・繊維の輸入割り当て)、72年にはバーク・ハートケ法案(多国籍企業規制、輸入数量制限)という悪名高い保護主義法案が提出された。これらの法案は成立こそしなかったが、ニクソン大統領が提案した1974年通商法は、大統領に関税引き下げや非関税障壁を削減する権限を与えたが、運用次第では保護貿易主義になる条項をも含んでいた。1つは74年通商法201条(エスケープ・クローズ)で、米国産業が輸入品の急増により被害を受けた場合に、救済措置を容易に発動できるようにした。また301条は外国政府の不公正な貿易慣行に対して、その制裁措置を規定した。

巨大な国内市場を持つため、行政府は輸出政策の決定に当たって、商業以外の要因を考慮に入れることができる。米国は他国に

比べて、外交政策、安全保障、倫理上（人権侵害）の理由で頻繁に輸出規制をしている。1980年代では平均して毎年2回輸出規制を上記の理由で実施しているのである。

　議会と行政府の関係も悪化し始めた。議会は大統領に通商に関する権限を与えることを渋りだしたのである。議会は当初は大統領に制裁発動の裁量権を認め、外交政策を妨害しないようにしていた。しかし、レーガン大統領の時代になっても、行政府は対日関係を優先して議会の怒りを実行しなかった。そのため、議会は対日経済制裁法案に制裁の自動発効を含めるに至った。これが後述する301条などの「一方的経済制裁法案」になっていく。日米経済紛争を分析するためには、米国の政治システム、特に議会の理解は不可欠である。

　ここで通商法案と議会との関係を**表1－1**（次頁）のようにまとめてみた。

　次第に議会が大統領に通商権限を委任する期間が長くなっていること、議会が通商問題に色々の条件を付けてきていること、1934年相互通商法が62年まで基本的に使用されてきたことなどが理解できよう。

　米国では通商権限が一元化されておらず、多くの組織に分散している。25の行政組織と19の議会の小委員会が通商政策の決定に関与していると言われる。例えば食糧援助の分野では農務省、国務省、財務省、行政管理予算庁、国際開発局が関与しているが、主導的な役割を果たす機関は存在しない。また機構図を見ても実際に決定がどのようになされるかは分からない。ある閣僚が大統領と個人的に親密ならば、その重要性は職務として定められた以

表1-1　1948〜90年までの通商法と議会との関係

大統領	上院多数党	下院多数党	通商法	委譲された権限
トルーマン	共和党	共和党	相互通商法の48年延長法	1年間の延長
	民主党	民主党	相互通商法の49年延長法	2年間の延長
	民主党	民主党	相互通商法の51年延長法	2年間の延長
アイゼンハワー	共和党	共和党	相互通商法の53年延長法	1年間の延長
	共和党	共和党	相互通商法の54年延長法	1年間の延長
	民主党	民主党	相互通商法の55年延長法	3年間の延長
				国家安全保障の規定
	民主党	民主党	相互通商法の58年延長法	4年間の延長
			ITCの決定に対する大統領の不承認に議会の拒否権を規定	
				国家安全保障規定の強化
ケネディ	民主党	民主党	1962年通商拡大法	5年の延長
				国家安全保障規定の弱化
ニクソン	民主党	民主党	1974年通商改革法	5年間の延長
			議会の拒否権設定(ファースト・トラック)	
カーター	民主党	民主党	1979年通商協定法	8年間の延長
			不公正貿易に対する報復の物質的被害規定	
レーガン	共和党	民主党	1984年通商関税法	
				一般互恵権限の8年半の延長、
			大統領のファースト・トラック使用に対する議会の承認	
	民主党	民主党	1988年包括貿易・競争力法	
			5年間の延長、逆ファースト・トラック規定	

上のものになる。この例としては、ニクソン政権のジョン・コナリー財務長官があげられる。

　主として通商政策を作るのは通商代表(USTR)が委員長を務め

る通商政策委員会であり、それを実施するのは商務長官を議長とする商業・通商閣僚会議である。しかし、財務省は税関業務と通貨・為替政策、農務省は農産物計画の運営と食料援助、国務省は開発途上国との貿易を自己の領域として確保してきた。各省庁が通商政策のある部分を持っているのは、各省庁のその他の仕事に密接な関係があるからで、これを小さな部分だからといって切り離すことは不可能である。

　また商務省は実務機関であり、あまり通商政策に強いリーダーシップを発揮することはなかった。議会では貿易促進が任務の商務省が輸出管理を担当しているために、本質的に規制することが商務省にはできないとの批判が根強い。クリントン政権では他の省庁との統合の話も出ていた。

第2節　議会と利益団体が作ったUSTR

　ケネディ政権は通商拡大法の議会通過のために政治的譲歩を余儀なくされた。特別通商代表部(STR)を新設したのもウィルバー・ミルズ下院歳入委員長に対する譲歩であった。ミルズ委員長がSTRの設置を提案したのは、貿易交渉から国務省を外せという強い圧力を農業団体や労働組合から受けていたためであった。議会も行政府を代表して議会の交渉相手となりうる組織を必要としていた。国務省、商務省、財務省も特定の利害領域を持っており、全体としての通商政策を代表できないと見られていた。そこでミルズは大統領府の中にSTRを置いて、貿易問題に関連する省庁間の調整をさせることを提案したのである。

1962年通商拡大法を成立させる代償として、ケネディ大統領はこの案を仕方なく受け入れた。議会が設置させたという印象を薄めるため、大統領行政命令により大統領自身がSTRを設置したというポーズを取った。しかし、上院財政委員会の修正により、STRはその任命に関して上院の承認を必要とすること、通商交渉に当たっては行政府だけでなく産業、農業、労働の各界代表から広く情報と助言を求めることが定められた。

　STRの初期の仕事はGATTのケネディ・ラウンド交渉を行うことであった。通商問題に関する省庁間組織としては、通商拡大法諮問委員会がトップに置かれたが、ほとんど機能せず、その下に置かれた貿易執行委員会(TEC：Trade Executive Committee)が次官補レベルで構成され、省庁間の政策調整を行った。1963年5月に始まり、67年6月に終わったGATTのケネディ・ラウンドは成功であった。関税率を見ると主要貿易国間で約3分の2になったのである。自由貿易の旗頭の米国は健在であった。

　ニクソン政権の最初の2年間は、行政府内で対外経済政策の調整をする組織がなかった。ニクソン大統領は公式的な省庁間調整組織を好み、ホワイトハウスのスタッフを強化した。STRのロスはニクソン就任とともに辞任し、後任にギルバートが指名されたのが4月、上院の承認が得られたのが7月であった。スタンズ商務長官はSTRを廃止して、その機能を商務省に併合しようとしたが、農業団体を先頭にする利益団体の反対で失敗した。危機感を抱いた議会は1974年通商法において、STRを閣僚級に格上げして、その機能を拡大した。

　カーター政権は民主党全国委員長であったロバート・ストラウ

スを特別通商代表に任命し、1979年通商協定法をうまく成立させた。1977年、78年には膨大な貿易赤字を生んでしまい、輸出振興努力を強化する要求が産業界から出ていた。特に、相殺関税法や反ダンピング法を財務省が活用しないことへの不満が高まっていた。議会はカーター政権に対して、貿易担当機関の組織改革を要求した。エネルギー省を新設したばかりのカーター政権は、通商に関して新しい省を設置することにためらいがあり、議会も反対していた。紆余曲折を経て、STRは名称を米国通商代表（USTR）となり、スタッフも59人から116人へと増員した。権限は国際通商交渉を行うとともに、国際通商に関する大統領の「主要な助言者」の役割を果たすことになった。特に以下の7つの分野で主導権を発揮する責任を負っている。1）輸出拡大、2）GATTに関する事項、多国間機関で扱われる通商問題、3）不公正貿易に対する政策、4）二国間の通商問題、5）エネルギーを含む国際通商問題、6）通商問題に関係する直接投資問題、7）国際貿易・商品・直接投資についての政策研究。

　USTRは議会と利益団体の申し子と言えよう。歴代の大統領がSTRの廃止ないしは他の省への併合を試みたのに対して、議会特に下院歳入委員会と上院財政委員会は一貫してUSTRを支持してきた。79年に議会がUSTRの権限を大幅に拡大したのは、保護貿易主義に対抗して1974年通商法301条を積極的に活用させるためであった。

　レーガン政権時代にUSTRを新しい国際貿易・投資省に吸収させようとするロス・リビコフ法案は、STR、輸出入銀行、海外民間投資公社、国務省と商務省の国際貿易・投資部門、財務省の関税・

反ダンピング・相殺関税を担当する部門、更に ITC の一部の機能を全て1つの省に統合しようとの野心的な提案であった。この法案は行政府の支持があったにもかかわらず、上院財政委員会貿易小委員会のダンフォース議員の猛反対で廃案に追い込まれた。

第3節　対外経済政策の調整は大統領次第

　対外経済政策は各政府機関の権限争いの犠牲となり、ホワイトハウスはしばしばその場しのぎの解決を図るしかなかった。対外経済政策に関する権限を1つの省に統合することは、米国の行政機関の伝統を破壊することになり、政治的にも不可能であろう。そこで歴代政権は省庁間の政策を調整する組織を作ってきた。アイゼンハワー政権は対外経済政策評議会 (CFEP : Council on Foreign Economic Policy) を設置し、委員長に対外経済政策担当大統領特別補佐官を当てた。ケネディ大統領は通商拡大法諮問委員会 (TEAAC : Trade Expansion Act Advisory Committee) を設置し、STR が委員長を務めた。

　ニクソン政権は国際経済政策委員会 (CIEP : Council of International Economic Policy) を設置した。この設置は米国にとって既に対外政策上の大問題になっていた国際経済情勢の急速な変化に対応しようとする努力であった。安全保障や外交などの伝統的な諸問題は、内外に高まっていた保護主義、貿易戦争の恐れ、EC や日本との経済紛争の深刻化、開発途上国との貿易問題、経済・軍事援助の問題などの前に影が薄くなり始めていた。この組織の使命は「国際経済政策問題の全範囲を担当するトップレベルの明確な中心機

関」となり、また「国際経済政策(貿易、投資、国際収支、金融を含む)全体を一貫して扱う」ことであった。閣僚レベルの委員会であり国務、国防、財務、商務、司法、運輸、労働、農務、内務の各省が参加していた。これ以外にCIA、原子力委員会、国際貿易委員会、防衛調達局、海事委員会、輸出入銀行、民間航空委員会、連邦航空局、連邦通信委員会などの機関も発言権を持っていた。議長は最初は大統領自身がなり、事務局長にベル・アンド・ハウエル社会長のピーター・G・ピーターソンを任命し、スタッフも経済問題担当補佐官を含む約20名からなっていた。CIEPは1971年1月〜1979年9月まで存在したが、この間に会議が開かれたのはわずか5回だけであった。組織は立派であり目標が高く掲げられたが、大統領自身の関心が薄くなったのでは機能するはずはなかった。結局ニクソン大統領の全面的な信頼を勝ち取ったコナリー財務長官が対外経済政策の「帝王」になった。2期目のニクソン政権は73年2月に再び通商政策の組織改革を行い、経済政策評議会(EPC: Economic Policy Council)を設置した。

　フォード大統領は就任後まもなく経済政策委員会(EPB: Economic Policy Board)を1974年9月に設け、財務長官を議長にして毎週3〜4回も会議を開いた。議長はサイモン財務長官がなったが、実働部隊の事務局長にシードマン経済問題担当大統領補佐官が就任したことが活性化をもたらした。省庁間調整機関としてはEPBは最も活発であり、平日は毎朝ホワイトハウスのローズベルト・ルームで会合した。大統領も週に1回は出席した。2年3カ月しかEPBは存続しなかったが、529回の会議を開き、審議した議題は1539にのぼった。この成功はEPBが定期的に大統領に会う

ことができたことと、主要案件だけに会合を限定し、実行委員会を5名に絞ったことによる。

　カーター政権は EPB を改組して経済政策グループ (EPG: Economic Policy Group) を設置した。議長はブルメンソール財務長官で、経済政策を基盤とする対外経済問題の調整を役割として、毎週月曜日の午後に会議を開いた。EPG は少数精鋭の専門家スタッフを擁したが、政権最初の夏までも保たなかった。7月の大統領府機構改革研究の報告書は、EPG は間歇的にしか効果を発揮せず、大改革の必要があると指摘された。ブルメンソールとシュルツ経済諮問委員長、ランス行政管理予算局長官、バンス国務長官 (実際にはクーパー次官) で運営しようとしたが、色々な方面からの圧力を受け、EPG の出席者は膨れ上がり、ブレジンスキー国家安全保障担当大統領補佐官、ジャニタ・クレプス商務長官、パトリシア・スミス住宅都市開発庁長官、職務権限上の参加者として、ウォルター・モンデール副大統領、アイゼンスタット国内問題担当補佐官、ワトソン官房長官が加わった。これらのスタッフは1～2名の補佐官を連れてくるし、ホワイトハウスからスタッフが入ることがあった。このため出席者がしばしば30名を超えることがあり、副大統領が遅刻すると座る椅子がないほどであった。また、大統領との結びつきの弱さがEPGを一層弱体化させた。カーター大統領は77年に EPG に出席したのは、わずか1回だけであった。カーターは「政府全般の経済計画・政策を調整し、対策を提言してくれる機関」であると言明しながら、実際にはブレジンスキー国家安全保障担当大統領補佐官とアイゼンスタット国内問題担当補佐官を好んだ。

レーガン政権は通商貿易閣僚会議に頼った。どの政権も経済政策の調整に手を焼いて、名称は異なるが省庁間の政策調整機関を設置したのである。決定的に重要な教訓は、大統領との結びつきがない組織は機能しないことである。結局、対外経済政策は戦後の大統領の誰からも重視されたことがなく、75年以降の毎年の経済サミットでもそうであった。

第4節　特許権の番人、ダンピングの見張り番＝国際貿易委員会(ITC)

1989年12月に裁定が出た和解金1300億円にのぼるIBMと富士通のOS侵害問題は、知的財産権の持つ威力を見せつけた。外国からのハイテク製品の米国上陸を知的財産権を盾に水際で阻止する役目を果たしているのが合衆国国際貿易委員会(United States International Trade Commission, 以下ITCと略)なのである。最近の日本企業が関わった例では、1994年8月8日に米国の研究開発型企業であるエナジー・コンヴァージョン・デヴァイセズ(ECD)の小会社で、電池メーカーのオボニック・バッテリー社が、日本の電池メーカー3社の製品が同社のニッケル水素電池の基本特許を侵害しているとして、ITCに1930年関税法337条(知的財産権を侵害する輸入を差し止める)により提訴した。提訴されたのは、東芝電池、三洋電機、YUASAの3社である。ニッケル水素電池は小型で長持ちするために、携帯電話やノート型パソコンなどの電源に使用され、需要が急増している。ニッケル水素電池の輸入差し止めが認められると、電池だけでなく電池を組み込んだ製品も事実上米

国へ輸出できなくなり、関連分野の日本企業に大きな痛手となると予想された。提訴の焦点は電池を構成する成分の物理学的組成を巡る争いであるが、米国側の特許は極めて基本的な物理法則をカバーしているため、東芝電池などは商品化に当たって内外の特許を調査し、特許侵害の恐れはないとの鑑定を得て事業化したと言われる。しかし、半導体のキルビー特許のように米国ではアイデアに近い基本特許まで認められているので、日米間の特許紛争は根が深いのである。

　更に、オボニック・バッテリー社は94年3月に**GM**とニッケル水素自動車用バッテリーの共同開発と商品化を進める合弁会社を設立し、官民プロジェクトである次世代バッテリー研究協議会と最初の開発契約を結んでおり、日米間で政治問題化する要素を含んでいる。業界の話ではニッケル水素電池は日本の三洋電機、松下電池、東芝電池が世界市場をほぼ独占しており、93年の生産量は7000万個で、94年は2億個以上と予想されていた。

　ITCの前身は1916年歳入法によって設立された関税委員会である。関税委員会は大統領に対して特許権侵害に関して勧告しかできず、しかもその勧告が出るまで2年以上もかかっていた。しかし、1974年通商法は1930年関税法を改正し、関税委員会は国際貿易委員会と改称され、その権限を著しく強化した。特に関税法337条による不公正輸入調査に関する準司法権の導入は、委員会の影響力を飛躍的に増大した。

　ITCは上院の助言と承認により大統領が任命する任期9年の委員6名（再任不可、同一政党からは3名まで）から構成される独立委員会である。委員は政治・経済の専門家であることが多く、その

下に行政法判事（Administrative Law Judge）4名がおり、337条調査を行い仮決定を下す。重要な点は、任命される委員の多くがITCを議会の事実発見のための武器だと見なしていることである。しかも、1975年以降に任命された委員の大多数が議員あるいは重要な委員会のスタッフの経験を持っているのである。その典型が ITC 委員長であったポーラ・スターン女史である。彼女はフレッチャー・スクールで政治学の博士号を取得し、カーター政権期に議会の委員会法案作成スタッフであった。その後1978年10月にITC 委員に就任し、現在はカーネギー財団平和研究所主任研究員である。

仮決定は委員の合議により最終決定となり、法的拘束力を生ずる。このため行政法判事の判断は、法律的・技術的であるのに対し、委員の決定は政治的・経済的問題に重点が置かれる。このような一種の二審制こそ準司法権を与えられた行政委員会としてのITCの特徴である。

さて、関税法337条は要するに、米国への物品輸入における不公正競争方法及び不公正行為に対してITCが、輸入排除や販売停止などの救済措置をとることを定めている。この救済の決定は大統領に送付され、大統領は60日以内に承認するか、拒否権を行使するか、何もしないか（送付より60日の期間を過ぎると自動的に決定となる）のいずれかの決定をする。

具体的な事例を2つあげて、337条手続きがどのようになされるかを見てみよう。まず最初は今後の通信革命の担い手である光ファイバーである。極細の光ファイバー300本をよりあわせた直径3センチの線1本で、電話ならば120万回線が同時に通話でき

る。銅製電話線の1万6000倍もの情報を流せるのが光ファイバーである。マルチメディア時代には欠かせない動画像の伝送には音声伝送の1000倍の容量が必要となる。

1960年代初めにレーザーが発明され、その応用として光ファイバーを使った光通信が検討された。1960年代後半にはNEC─日本板硝子のセルフォック・ファイバーや SiO_2 が主成分である石英硝子の光ファイバーが有望視されていた。1970年に米国コーニング・グラス・ワークス社が石英ガラスの光ファイバーで低損失を実証し、今日の光ファイバーの基礎を作った。同社は数年後に構造特許と製法特許を取得した。これとは別にAT＆T社の製法と日本のVAD法(住友電工と電電公社と80年に共同開発)による光ファイバーが生産され、現在では世界の光ファイバーの生産はこの3つの製法に限られている。

住友電工はこのVAD法で製造した数種類の光ファイバーを米国へ輸出した。その結果84年3月7日にコーニング社が、住友電工が同社の2件の特許を侵害する光ファイバーを輸出し米国企業に損害を与えていることを理由に、輸入差し止めを求めてITCに提訴した。住友電工の米子会社(SERT)はコーニング社を相手に特許権の無効確認訴訟を84年8月16日にノースカロライナ州グリーンズボロ地裁に起こすが、85年4月にニューヨーク州地裁に移送した。コーニング社もニューヨーク州地裁に特許権侵害の逆提訴を行った。85年4月にITCは一部の光ファイバーは特許権を侵害しているが、産業被害はないとして、337条訴訟では違反はなかったとした。その理由は以下のようなものであった。1)住友電工は1980年に米国へ輸出を開始したが、光ファイバーの米国市

場は1982年以降急速に拡大した。2)このためコーニング社も需要に答えるため、外国から光ファイバーを輸入しなければならなかったこともある。3)住友電工の販売・供給力はそれほど大きくなく、そのシェアは１％以下である。4)住友電工は83年10月に100％子会社である SERT(ノースカロライナ州)の建設を始めた。これは85年末に生産開始を予定しており、この稼働により将来輸入は減少する。

　この決定に不満なコーニング社は85年６月に ITC を相手に連邦巡回控訴裁判所(CAFC)に控訴した。しかし、86年８月にCAFCは、産業被害なしとの ITC 決定を支持し、特許問題の判断は不必要として取り消す判決を下した。他方、87年10月にニューヨーク連邦地裁が、コーニング社の持つ基本構造の特許を住友電工が侵害していることを認め、その生産を87年12月限りで停止させる判決を下した。住友電工はニューヨーク連邦控訴裁判所に控訴したものの、米国社会が知的財産権保護にある状況では勝訴の見込みはなかった。そのため住友電工は88年12月にコーニング社と特許を相互に認め合っている AT＆T 社と合弁で、光ファイバーの製造販売会社を設立することで合意を見たと発表した。89年３月にはライト・スペック社(AT＆T が51％、住友電工が49％の出資比率)が生産を開始した。結局、この６年越しの特許権紛争は、住友電工が和解金2500万ドル(当時の為替レートでは約36億円)を支払うことで解決した。

　次に、軽く、強く、熱に強い先端素材であるアラミド繊維の米欧紛争を見てみよう。最初に、耐熱・難燃性のメタ系アラミド繊維が米国のデュポン社、日本の帝人などで製品化され、次いでポ

リーパラフェニレン・テレフタルアミドからなるパラ系アラミド繊維がデュポンによって開発され、商標名「ケブラー」として市場に出た。その後、オランダのアクゾ社でも同様の繊維を開発し、商標名「トワロン」で売り出した。このパラ系アラミド繊維は鉄鋼の5倍もの強力と高いモジュランスを持っており、自動車タイヤの補強材、樹脂補強材、防護衣料、アスベスト代替材料などとして、広く利用されつつある。日本では帝人が特殊な共重合体を用いる独自の製法でパラ系アラミド繊維を商標名「テクノーラ」で87年9月から市販している。帝人の市場はゴム資材、作業用の防護衣料などである。89年2月には東レがデュポン社との合弁で「ケブラー」の国産化を目指してデュポン・東レ・ケブラー社が、オートバイのレーシングチームとスポンサー契約を結んだ。オートバイ本体やライダーのスーツ、ヘルメット、手袋などを提供した。東レは85年から輸入販売をしてきたが、合弁会社の設立によって、90年末から東海工場で生産を開始した。また、住友化学は87年1月にオランダのアクゾ社と折半出資で、国内向けの販売会社である日本アラミドを設立して、「トワロン」の販売を開始した。住友化学が持っている繊維とゴムの接着技術などを生かして、タイヤ、ホース、コンベヤーベルトなどの分野で市場を広げている。

　さて、米国最大の化学企業であるデュポン社は、米国だけでなく世界中でパラ系アラミド繊維に関して特許を持っている。多大の研究開発をして60年代後半に「ケブラー」を開発したが、欧州最大の化学企業であるアクゾ社が独自に同種の繊維「トワロン」を開発し、市場参入してきたことから、両社の全世界的な特許戦争になった。デュポン社は世界主要国に確立した自社の特許網に基づ

いて、数ヵ国でアクゾ社を特許権侵害で告訴し、これに対抗してアクゾ社も、デュポン社側がアクゾの重合体製法特許を侵害しているとして、数ヵ国で訴訟におよんだ。米国ではアクゾ社が先にデュポンのPPD－T繊維特許の無効確認訴訟を起こしたため、デュポンがこれに対抗して自国民に有利と見られている337条訴訟に持ち込んだものと見られる。

　84年4月18日の提訴状によれば、デュポン社は71年以来ヴァージニア州リッチモンドの工場で「ケブラー」を製造し、直接間接に1380人の米国人が製造販売に従事している。アクゾ社は本特許の方法で「トワロン」をオランダで製造して米国に輸出している。しかも、アクゾ社は米国内で「トワロン」を「ケブラー」よりも安く売っており、市場を撹乱している、と言う。

　84年5月16日にITCは調査を開始したが、アクゾ側は本件特許は連邦地裁で係争中であること、同社の生産量は少なく、対米輸出はその一部に過ぎないこと、デュポン側は依然として95％のシェアを確保できる、として調査延期を申し立てた。これに対してデュポン側は、対象商品の排除命令がある、審理期間が1年または1年半と短い、プロセス特許を用いて国外で生産された製品も対象とできるので、ITCの関税法337条による救済は裁判所での手続きとは本質的に異なると主張した。結局、10週間の延長が認められて、85年5月に関税法337条の違反ありとの仮決定が下された。そして11月25日に特許の有効性が確認され、本件特許の存続期間満了（90年10月）まで、アクゾ社及びその小会社により製造されたアラミド繊維の基本形態の輸入を禁止する限定的排除命令が出された。アクゾ社はITCの審決を不服として、86年1月に

連邦巡回控訴裁判所(CAFC)へ控訴したが、CAFC は86年12月にITC の審決を支持する判決を下した。アクゾ側はこれを不服として、更に87年3月に最高裁に上告した。しかし、連邦最高裁は87年6月に本件に関して審理をしない旨決定し、ITC の審決は確定した。

アクゾ社側は85年12月9日にグループを代表してエンカ社(オランダ)が、ITC 手続き及びアラミド繊維の排除命令は、内国民待遇に反し、GATT 第3条4項に違反しており、輸入排除措置はGATT第20条d項によって正当化できないとして、EC委員会に提訴した。EC委員会はエンカ社の提訴に理由があると認め、86年2月に調査を開始し、87年3月にアラミド繊維に関するITC 手続きは EEC 規則に規定する共同体の産業に被害の虞がある違法な通商慣行に該当するとして、米国政府と協議を開始した。この協議によっても満足な解決が得られなかったため、87年7月に GATT第22条2項の協議を要請した。

このアラミド繊維でも日米の技術と市場の関係が浮き彫りになる。米国ではアラミド繊維はその特徴を生かして、戦闘機や防弾チョッキに利用している。ところが、日本にはこのような大口の需要先がほとんど存在しないため、各社は民生用の市場開拓に知恵を絞っている。

1975年1月から1985年4月までのデータによると、337条違反の事例は224件で、その75％が特許権、22％が商標、4％が著作権の違反であった。対象製品の原産地別でこのデータを見てみると、EC96件、日本77件、台湾66件、香港32件、カナダ24件、韓国22件、などである。米国企業と競合状態にある先進工業国とア

ジア NIES で半数を占めている。対日 ITC 提訴の第1号は、1975年に日本コロンビアの電子ピアノを対象にしたもので、その後ゴルフボール、旋盤、人工腎臓、ポケットベル、自動車用バイザーなど千差万別である。80年代後半からは、マイクロプロセッサー、光ファイバー、フロッピーディスクなどハイテク商品が標的になっている。

最近の337条訴訟の事例を国際貿易委員会の毎年の報告書で追跡してみよう（表1－2）。

表1－2　関税法337条による輸入差し止め請求（1991～93年）

	1991	1992	1993
ITCの調査済み件数	15	12	15
その内の日本の件数	3	2	1
ITCの調査待ち件数	8	13	17
その内の日本の件数	2	2	4
年度末での排除命令数	50	51	50
その内の日本の件数	8	7	7
その内の台湾の件数	25	26	26
その内の韓国の件数	10	9	9
その内の香港の件数	9	9	9

注）1製品について複数の国家に対して排除命令が出ている場合が多いことに注意。
（出典：各年次報告書より著者作成）

ITC の調査待ち件数が増えていることは、差し止め請求が増加していることの具体的な現れである。排除命令は予想外に一定の数字であった。いわば337条による輸入差し止めは既に構造化さ

れていると言ってよかろう。1993年末に排除命令が出ていた日本の製品とは、コインを入れて操作するオーディオ・ヴィジュアル・ゲーム機械(ゲーム・センターの機械)が2件、キューブ・パズル(一時大流行したルービック・キューブである)、アモルファス(非晶質)合金とその製品、直流式軸流ファン、DRAM、高輝度再帰反射シートの7件であった。このデータで明らかなように、日本よりも他のアジア NIES が米国の特許権侵害で輸入の差し止めが行われている。特に台湾の件数が多いことは米国の苛立ちの元になっている。

　包括貿易法の中心の1つが関税法337条の改正であった。最も変わった点は、1) ITC への提訴は、知的財産権の侵害による被害の立証が不用になった、2)提訴を受けた ITC が仮排除命令を出すまでの審理期間が215日以内から90日以内(複雑な事例では更に60日延長できる)に大幅に短縮された、ことである。被害の立証が不用になれば、米国の中小企業も提訴しやすくなり、ひいては米国企業の競争力強化に役立つと議会は考えたのである。日本側から見れば、ヴェンチャー企業でも軽い負担で337条提訴をできるため、特許紛争が増える恐れがある。更に、米国産業に対する被害がなくても提訴できるようになったので、特許を持つ大学の研究機関などの非営利団体も提訴することもありうる。

　もともと ITC への提訴は米国企業のみが可能であり、被審判人の外国企業は抗弁の提出は許されるが、反訴を提起することはできないのである。提訴側が何年もかけて準備した上で不意打ちに提訴してくるのに対し、被審判側の外国企業は米国人弁護士を依頼し、特許と製品を分析し、莫大な証拠開示要求に答え、反論す

るまでにわずか90日しかない。これではますます米国企業が企業戦略としてITCを利用してくるし、日米間の知的財産権紛争は激化した。しかも、知的財産権の提訴は莫大な和解金を日本企業が支払うので、米国企業に取って金銭面でも有利な戦略になった。ミノルタがハネウェル社に支払った1億2750万ドル（約165億円）は今では特に高額とは言えなくなっている。テキサス・インスツルメント社が日本企業8社と韓国企業1社から得た和解金1億5000万ドルにより、同社の決算は一度に黒字になった。

　関税法337条調査ばかりがITCの任務ではない。ダンピング、独禁法に関するITCの権限も無視できない。最近では95年7月24日に石油掘削に使われるシームレスパイプなど日本製油井管を巡るダンピング提訴で「米国産業に被害を与えている」との最終決定を下している。6人の委員のうち5人までが「クロ」の判断を下したという。このダンピング提訴は、米大手鉄鋼メーカーのUSスチールなどが、7カ国の企業を相手に94年6月におこしたもので、日本では新日本製鉄、NKK、住友金属工業、川崎製鉄が対象である。このITCの決定により44.2％のダンピング関税が確定し、日本メーカーは事実上米国市場から閉め出されることになろう。提訴にもかかわらず、付加価値の高いシームレスパイプは94年だけで12万1000トンが米国へ輸出されていた。日本側は日本からの輸出は米国で生産されていない特殊品が中心であり、米国メーカーの業績低迷は、国内エネルギー産業の不振とメーカー同士の価格競争によるものだと主張している。米国のユーザーも批判的な意見を持っており、GMは「既に実施した反ダンピング課税により、資材調達コストが10％から45％も値上がりして、国際競争

力がそがれている」との意見書をITCに提出している。

　なお、日本製鋼材を標的にした米国のダンピング提訴は、日本側の「6勝(レール、厚板、熱延鋼板、冷延鋼板、炭素・合金鋼線材、ステンレス棒鋼)4敗(表面処理鋼板、方向性電磁鋼板、ステンレス山形鋼、油井用鋼管)」で一段落している。

　米商務省がまとめた資料によれば、日本企業を標的にしたダンピング提訴のうち、1980年以来最終的に「シロ」と判断されたのは30％しかないことが明らかになった。1980年から93年までの14年間に日本企業を対象とした提訴は73件で、このうち94年6月までに「クロ」と認定され、ダンピング関税が課されたのは全体の58.9％に当たる43件であった。一方、ITCで米産業に被害なしとして「シロ」の決定を受けたものは22件(30.1％)で、サスペンション・アグリーメント(調査の中断協定で一種の和解)により途中で提訴が取り下げられたのは8件(10.9％)であった。

　80年代後半からのダンピング提訴を他の産業で見てみよう。88年上半期に米国でダンピング訴訟が急増した。87年全体で7品目であったものが、88年上半期だけで6品目になり、86年の8件という最高記録を破りそうであった。これは過去3年の円高にもかかわらず、日本企業がそれに見合う製品値上げをしていないとの不満を強めたことによるものと思われる。6品目とは、バギー車、フロッピー・ディスク、測定装置であるデジタル読み取り装置、ベアリング、サーモスタット、二酸化マンガンであった。

　米国のダンピング提訴は、1)米国産業に被害が出ているかについてのITCの仮決定、2)ダンピング認定のための商務省仮決定、3)商務省の最終決定、4)ITCの最終決定、の4段階を経て、初めて

結論が出る。しかし、商務省の仮決定で「クロ」となれば、貿易はほとんど不可能になる。なぜならば、輸出を継続したいならば、仮決定のダンピング税率を上乗せして価格を設定しなければならないからである。

毎年国際貿易委員会が出している報告書（95年度が47回目）で最近のダンピング調査のデータを見てみよう（表1−3）。

表1−3 反ダンピング調査（1989〜93年）

	1989	1990	1991	1992	1993
提訴件数	13	19	24	24	21
ITC仮決定――シロ	5	6	22	13	5
――クロ	20	27	31	72	30
――停止	0	1	2	11	8
商務省最終決定――シロ	2	0	0	2	1
――クロ	36	16	28	24	76
――停止	0	0	1	2	1
――取り下げ	0	0	0	7	0
ITC最終決定――シロ	15	2	13	4	32
――クロ	23	14	19	16	41
――停止	0	1	0	1	0

（出典：各年次報告書より著者作成）

これは日本だけを対象とした調査ではないが、調査件数の増加傾向、ITCの仮決定が「クロ」の比率が高いこと、商務省の決定はほとんど「クロ」であるが、ITCの最終決定で米国企業の損害が否定されて「シロ」になる事例がかなりあることが読み取れる。

また各年末でダンピング課税がなされている品目を数えると、

日本は断然多くて、1991年末で54品目、2位が中国で21品目、92年末で同じく54品目、2位の中国は23品目、93年末で55品目であった。一度ダンピング課税されれば、少なくとも数年はリストに載せられる。ハイテク時代になってリストを読んでも、その製品や素材が著者には理解できないような分野でダンピングの疑いがかけられているのである。

　米国における反ダンピング規制は1916年の歳入法第801条に始まる。この法律はある商品をその生産国の国内市場における価格よりも実質的に低い価格で米国に輸入し、また販売することによって米国産業に損害を与え、産業の確立を阻害し、また取引制限もしくは独占することを違法とした。このような犯罪に対して、刑事罰を科し、また被害者に三倍賠償請求の権利を認めた。しかし、この違反が成り立つためには、輸出業者または輸入業者が米国産業に損害を与える「意図」を持ってダンピング価格による輸入をしたことが必要であった。この立証が簡単でなかったため、この法規によって刑事罰が科されたことはなかった。

　これとは別に、ダンピングがある場合、米国政府が反ダンピング認定を行い、ダンピング・マージンに相当する相殺関税を徴収する制度が発達した。1921年に反ダンピング法が制定され、54年、58年に改正がなされ79年まで施行された。79年のGATTの東京ラウンドの妥結に伴い、国際ダンピング協定が締結され、これを国内法化するために1979年通商協定法によって改正された。反ダンピング法の適用決定権限をそれまでの財務省から、議会がよりコントロールしやすいと判断されていた商務省に移した。そして更に、1984年通商関税法により改正され、1988年包括貿易・競争力

法によって新たな改正が加えられた。

　ダンピング調査の開始が輸出企業に与えるコストと心理的不安は計り知れない。短期間に製品コスト、国内市場価格、輸出価格などの膨大なデータを提出しなければならないため、専従の社員を張り付けて資料を作成しなければならない。加えて調査にかかる弁護士費用なども大変である。このような負担は大企業しか耐えられまい。問題なのは何がダンピングであるかに関して客観的な基準を作成するのが困難なことである。輸出価格が正常価格よりも低いかどうかの判断は極めて困難である。価格を算定する場合に何が控除項目になるかが常に問題になる。米国商務省では国内価格から控除できる間接販売費と一般管理費は、米国で価格算定の際に認めた額を上限にしている。国内市場でそれ以上の間接販売費・一般管理費がかかってもそれは控除項目に入れることはできない。その分国内品の工場出荷価格が高くなるので、ダンピング・マージンが発生しやすくなる。それだけに企業側はできるだけ直接販売費として経費を計上したいのだが、日本と米国やECとの販売慣行の違いが際だってくる。しかも、米国のダンピング調査が国内産業保護のために実施されている傾向がある。

　またダンピング防止の柱になっている「公正価格」は、算定時点でのコストを元にしてはじき出される。これが半導体のように技術開発が早く、製品の世代交代が極めて早い製品では、短期間で量産効果が出て値段が下がるはずなのに、高い値段で日本から輸出されるという皮肉な結果になってしまった。1987年11月に訪日したベリディ商務長官は「円が87％も上昇したのに日本車の価格は25％しか上がっていない。ダンピングの疑いも生じている」と

重大な警告を発した。円高率と製品値上げ率を単純に比較してダンピングだと言うのは、ダンピング調査担当の商務省長官としては荒っぽい発言であった。

第5節　選挙手段としての日本批判

　議員立法の米国では、多くの法案が提出されるが、成立までに多くのハードルがあること知っていただきたい。ほとんどの法案は委員会に提出されただけで、何らの行動も取られないで終わるのが普通である。委員長が重要な問題であると認識すれば、公聴会を開き討論もされる。各議会の会期である2年間に提出される法案は2万件近いが、本会議に上程されるのは5000件程度、法律として成立するのは1000件に満たない。

　レーガン政権で具体的に見てみよう。1984年11月のレーガン大統領再選を巡って、日米経済摩擦はピークを迎えていた。大統領選挙の1年前の83年には、自動車の現地生産率を強制するローカル・コンテント法案や相互主義法案など、日本市場の開放や日本製品の米国市場からの締め出しを狙った法案が相次いで提出され、年末までに対日保護主義立法は100件以上にのぼると見られていた。もちろん、対日保護立法の全てが法律になるわけはないが、史上空前の対日法案提出が、レーガン政権の対日政策に影響を及ぼしたのは当然である。

第2章　米国の国家安全保障と経済

第1節　米国のハイテク赤字

　本書は日米間のハイテクを巡る経済紛争を分析することを目的としている。まず最初に「ハイテク」の定義をしておこう。そうでないと何となく「ハイテク」というと分かった気になるが、その性格と範囲が曖昧なまま議論されているきらいがある。普通ハイテクという言葉の内容としては、以下のような理解がなされている。1)研究開発指向が非常に強い、2)国家にとって戦略的に重要である、3)研究開発と生産のスピードが極めて早い、4)開発のリスクが高く、生産にも多額の資本投資が必要である、5)企業間の国際的提携が盛んであり、厳しい競争が行われ、生産販売が世界的規模で行われている。

　OECDの産業別分類と米国商務省の製品別分類の2種類の定義が、学問的には有用であると思われる。OECDは研究開発指向性をハイテクの特性として採用し、多くの研究開発投資を行っている企業をハイテク産業と呼んでいる。具体的には指標として、研究開発費の生産高に対する比率が取られている。OECD加盟11カ国では各産業部門の全生産高に対する研究開発費の比率が測定可能である。この指標が1未満を「低度研究開発型産業」、1〜10を「中

度研究開発型産業」、10以上を「高度研究開発型産業」と整理している。1970年と80年のデータは**表2−1**に示したが、ほとんど順位に変化はなく、航空宇宙、事務機器・コンピューター、エレクトロニクス・部品、医療品、精密機器、電子機器の各産業は一貫して高度研究開発型産業であった。

表2−1　OECDにおける研究開発指標

1970年		1980年	
高度研究開発型産業	比率	高度研究開発型産業	比率
1)航空宇宙	25.6	1)航空宇宙	22.7
2)事務機器、コンピューター	13.4	2)事務機器、コンピューター	17.5
3)エレクトロニクス・部品	8.4	3)エレクトロニクス・部品	10.4
4)医療品	6.4	4)医療品	8.7
5)精密機器	4.5	5)精密機器	4.8
6)電子機器	4.5	6)電子機器	4.4
	平均10.4		平均11.4
中度研究開発型産業	比率	中度研究開発型産業	比率
7)化学	3.0	7)自動車	2.7
8)自動車	2.5	8)化学	2.3
9)他の製造業	1.6	9)他の製造業	1.8
10)石油精製	1.2	10)非電子機器	1.6
11)非電子機器	1.1	11)ゴム、プラスチック	1.2
12)ゴム、プラスチック	1.1	12)非鉄金属	1.0
	平均1.7		平均1.7
低度研究開発型産業	比率	低度研究開発型産業	比率

13）非鉄金属	0.8	13）窯業・土石	0.9
14）窯業・土石	0.7	14）食糧	0.8
15）造船	0.7	15）造船	0.6
16）鉄鋼	0.5	16）石油精製	0.6
17）金属加工製品	0.3	17）鉄鋼	0.6
18）木材・家具	0.2	18）金属加工製品	0.4
19）食糧	0.2	19）製紙・印刷	0.3
20）繊維・皮革	0.2	20）木材・家具	0.3
21）製紙・印刷	0.1	21）繊維・皮革	0.2
	平均0.4		平均0.5

(出典：機械振興協会・経済研究所『産業技術の国際的展開がわが国産業に与える影響』1988年、38頁)

次に商務省の報告書『米国のハイテク貿易と競争力』に従ってハイテクを製品別に見てみると、**表２－２**（次頁）のようになる。無機化学物資と素材が加わった程度で、OECDの定義したハイテクとそれほど差はない。高度研究開発型産業は生産高では11％、輸出では16％を占めているに過ぎないが、研究開発費では51％も占めている。

米国の輸出産業と言えば、穀物とハイテクという常識が長く続いた。コンピューターや航空機に象徴される技術集約的な産業に米国は比較優位を持っていた。それゆえハイテク産業について見ると圧倒的な輸出超過であった。70年代を見ると、米国ハイテク産業の実質生産高の伸び率は７％であり、米国の産業全体の３％を大きく上回った。また、労働生産性の伸び率でもハイテク産業は5.6％であり、全産業の0.9％を大幅に上回っていた。確かに、ハイテク産業は米国経済の牽引車であった。米国の世界経済の地

表2−2　米国商務省によるハイテク製品分類(DOC 3)

ハイテク製品グループ	具体的製品
1) ミサイルと宇宙ロケット	ロケット・エンジンとその部品
2) 通信機器と電子部品	電話・電信装置、ラジオとTVの送信・受信装置、通信機器、ソナー、半導体、テープレコーダー
3) 航空機と部品	商業用航空機、ヘリコプター、航空機用エンジンと部品
4) 事務機器とコンピューター	コンピューター、入出力装置、記憶装置、複写機と部品、卓上計算機
5) 武器と部品	非軍事用武器、猟銃・スポーツ用銃、爆薬
6) 医薬品	ビタミン、抗生物資、ホルモン、ウィルス
7) 無機化学物資	窒素、水酸化ナトリウム、希ガス、無機染料、放射性物資及びその混成物、特定の原子力材料
8) 専門的機器	産業プロセスコントロール機器、光学機器、レンズ、航行用機器、医療機器、写真用機器
9) エンジン、タービンと部品	重電機器、ディーゼルエンジン、ガスタービン、非自動車用ガソリンエンジン、水力タービン
10) プラスチック材料、繊維合成レチン、ゴム	各種濃縮化学物資、多重濃縮物資、多重付加物資重合体、合成レチン、非セルロース・セルロース繊維

(出典:商務省報告書『米国のハイテク貿易と競争力』1985年2月)

位にとって極めて重要なハイテク産業が、国際的ライバルの成長によってその地位が脅かされる事態になった。しかも、米国のシェアを奪ったのが日本であるため、日米の経済紛争がハイテク産業

の摩擦になったのである。具体的には米国のハイテク輸出のシェアは62年の30.3％から80年の23.9％に低下したが、日本は4.1％から12.3％へと3倍になった。英、独、仏はほぼ横ばいである。

　商務省は米国のハイテク産業の競争力を悪化させた原因を探り、その主たる原因の1つが外国政府の産業政策だとして、非難し始めた。特にシェアを大幅に低下させたのが、コンピューター、半導体、工作機械であった。ハイテク製品の88年末の米国のシェアを見ると、カラーTVが10％、ヴィデオ1％、ファクシミリ0％という惨状であった。

　国際収支では米国の貿易収支は70年代半ばから赤字であったが、その中ではハイテクと農産物は例外的に黒字であった。80年には266億ドルの黒字を計上したハイテク製品も、85年には40億ドルに低下し、ついに86年に初めて26億ドルの赤字を記録し、米国の技術的リーダーシップの低下を最も劇的に示した。米国は80年にはプライム・レートを21.5％というとんでもない高さにまで引き上げ、世界中の資金を掻き集め、ヴェンチャー・ビジネスへの投資をした。これでは生産面では労働賃金の安い海外へ移転するのも当然である。その結果、技術開発を等閑にした産業の空洞化が一挙に進展したのである。

第2節　ヤング報告が「米国版産業政策」の　スタートであった

　基礎研究を充実させ、研究開発の成果を国家安全保障と国際競争力に活用しようとの政策を勧告したのが、1985年1月の『世界

規模の競争』、通称ヤング・レポートであった。報告書は2巻で391頁にのぼる大部のものである。この大統領産業競争力委員会(委員長がヒューレット・パッカード社のジョン・A・ヤング社長)の報告書が米国の通商産業政策のバイブルとなった。具体的には研究開発への税制優遇、製造技術の改善と新技術の商品化、資本及び人的資源の強化、知的財産権の保護・強化、が重点的にうたわれていた。

　大統領産業競争力委員会は1986年に設置され、ビジネス界、労働組合、学界が一緒になって、世界市場で競争するために米国企業と労働者の能力を改善することが目的であった。「競争力とは、国際市場のテストに耐えながら、同時に国民の実質所得を維持ないし拡大させるような財やサービスを、自由で公正な市場条件下で、一国がどの程度生産することができるかである」と定義された。この定義から2つのことが想定できたはずである。即ち、第1に世界市場での競争能力が米国の生活水準向上の基礎であり、高い生産水準を維持しながら国際競争力をつける方策が模索されよう。第2に自由で公正な貿易環境が競争力を評価する基準であること、このことから他国のダンピングや保護政策を攻撃する政策が打ち出された。

　「競争力」が米国の世界経済での地位低落を示すキー・ワードとなった。ヤング・レポートは米国の貿易政策改善のための多岐にわたる措置を勧告した。1)世界的競争への適用を容易にし、外国の不公正貿易に対する対応を強化するために通商法を改正する、2)国際競争の影響を受けている産業での合併を促進するために反トラスト法を緩和する、3)米国の輸出管理制度の緩和と簡素化、4)

輸出促進政策。知的財産権の保護強化、市場開放を各国に要請する、5)政府主導型の研究開発から民間プラス政府の研究開発へ路線を転換する必要をうたったことが目新しい点である。

今から省みると知的財産権の保護は「市場原理」を掲げるレーガン政権の登場と、「知的財産権は通商問題だ」とするヤング報告が傾向を決定したと言えよう。70年代までは特定大企業の肥大化には国民の反発があり、米国内には特許の独占には歯止めをかけようという雰囲気があった。企業の共同研究に対する独禁法の緩和は84年10月に共同研究法として実現し、知的財産権の保護強化は84年11月の半導体チップ法で強化された。国立研究所からの技術移転は80年のスチーブン・ワイドラー法、86年の連邦技術移転法、更に86年の国家競争力技術移転法により促進された。80年代初めまでは裁判の結果にも「アンタイ・パテント」の傾向が表れており、特許侵害による損害賠償額の算定でも対象商品の売上高の3〜4％以内しか認められていなかった。それがレーガン政権になると、個々の特許の研究開発費や需要の強さを反映する計算方式に変わり、知的財産権裁判は提訴企業にとってお金になるようになった。

「米国人は月面を歩いた最初で唯一の国民である。それは、ソ連のスプートニク打ち上げという極めて明確な挑戦に、米国が立ち向かったためである。今日、米国はそれほど明確ではないが1つの脅威に、力を合わせて立ち向かわなければならない。米国の国際競争力は海外から未曾有の挑戦を受けている。世界における米国のリーダーシップが問われている」というヤング報告書の冒頭の部分だけでも、米国民にアピールするものであった。この路

線を突き詰めていくと、技術優位が競争力を支え、強い競争力を持つことが国家安全保障になるとの「技術安全保障論」となる。いわばパックス・アメリカーナの擁護と結びつく論理である。

更に、1986年に産業界、労働界、学界が民間の「競争力評議会」を組織し、ヤング氏が会長に就任した。87年4月に『競争力の危機：新しい現実に直面して』と題する、第2ヤング・レポートを発表した。1700億ドルにものぼる貿易赤字の原因は、世界市場における競争力の不足であると指摘した。また、88年9月には『歩調を速める：アメリカの技術革新への商業的挑戦』という報告書を発表し、米国産業の競争力低下に警鐘を鳴らした。研究開発に優れていた米国企業は製造を軽視したこと、また短期的目標を追い求め過ぎたこと、などが指摘された。その後、会長はモトローラ社のフィッシャー会長に代わったが、91年3月には『新しい地歩を築く：米国の将来へ向けての技術優先』という報告書を出している。

第3節　国防総省が産業競争力強化の牽引車

第2次世界大戦後の米国のハイテク技術における優位を象徴したコンピューターや民間航空機は、軍事研究開発の恩恵を受けたが、その後軍事技術が「バロック化」するに従って、莫大な軍事研究開発費が商業用技術につながらなくなった。「バロック」とは「歪んだ真珠」のことであり、進化が袋小路に入ってしまい、正常ではなくなった美しさを表す言葉である。冷戦の激化に連れて、軍事研究開発が優秀な研究者を民間から奪うようになった。

過去においては軍事技術は民生技術に波及していった。これをスピン・オフと呼んだ。代表的なものとして、商業用ジェット機、コンピューター、半導体、レーザー、通信衛星、原子力などがあげられる。身近な技術ではテフロン（四弗化エチレン樹脂）がある。これはアポロ計画で耐熱被覆の技術として開発され、フライパンの表面被覆などの民生製品へと技術移転された例である。最近日本では高級自動車に積んで道路案内に使われているナビゲーション・システムは典型的な軍事技術であった。GPS は人工衛星からの電波を受信して、自分の位置を確認する技術であり、湾岸戦争では多国籍軍が大いに利用した。ただし、量産体制が間に合わなかったので兵士一人一人には行きわたらなかったという。古くはカップ麺に入っている葱や肉、インスタント・コーヒーを作る真空凍結乾燥機がある。これは第２次世界大戦の前に、戦線での輸血用血液の保存用として開発されたものである。

これらの技術は第２次世界大戦後の米国の商業技術の圧倒的優位の確立に貢献した。研究開発は国防総省の研究開発費ではなく、民間主体で行われた技術もある。AT＆T のベル研究所で電話システムの近代化のために、開発されたトランジスターがその代表である。ただし、軍による調達が製品の初期の立ち上げに役だったことも否定できない。トランジスターも軍用トランシーバーの大量受注により、シリコン・トランジスターや IC の研究開発が支えられた。

ブッシュ政権当時の科学技術政策のデータを見てみよう。省庁別では国防総省が圧倒的に大きく392億ドル(91年度予算案)、次い

でエネルギー省が74億ドル、NASAが71億ドル、全米科学財団(NSF)が21億ドルとなっている。基礎科学政策を担当するNSFは、レーガン政権当時の87年に5年間で倍増させて32億ドルにするという構想があったが、実現していなかった。ブッシュ政権はこれを受け継いで、94年度までに倍増させようとして13.3％という高い伸びを打ち出している。

　この中で軍事関係コンピューター科学・コンピューター工学の研究開発だけを取り出してみよう。総額は2億7100万ドルであり、そのほとんどに当たる92.3％を DARPA（国防高等研究計画局）が支出しており、それ以外には空軍科学研究部が500万ドル、陸軍研究局の支出は不明、海軍研究局が1600万ドルを支出している。

　米国の強さであった軍事研究開発はやがて足かせになった。その理由は4つ考えられる。まず、研究開発予算の圧迫がある。研究開発に占める軍用研究開発の比率は極めて高く、低いときでも50％前後である。

　図2－1が示すように、保健・健康は連邦政府の基礎研究費の43％を占めているが、全連邦研究開発費ではわずか12％を占めるに過ぎないのである。他方、国防は連邦基礎研究費のわずか8％しか占めていないが、政府支出の研究開発費では65％を占めている。しかも、60年代後半から軍事技術のスピン・オフがなくなってきたのである。軍事技術が高度に発達するに連れて、要求される技術水準が高度化し、特殊化（これがバロック化である）するに伴って、軍の必要と民間で必要とする技術がかけ離れた。軍事研究開発のスピン・オフが期待できなくなると、研究開発に占める軍事研究開発費の負担が重くなったのは当然である。各国別の非

第3節　国防総省が産業競争力強化の牽引車　53

研究開発費合計
678億ドル

基礎研究費
112億ドル

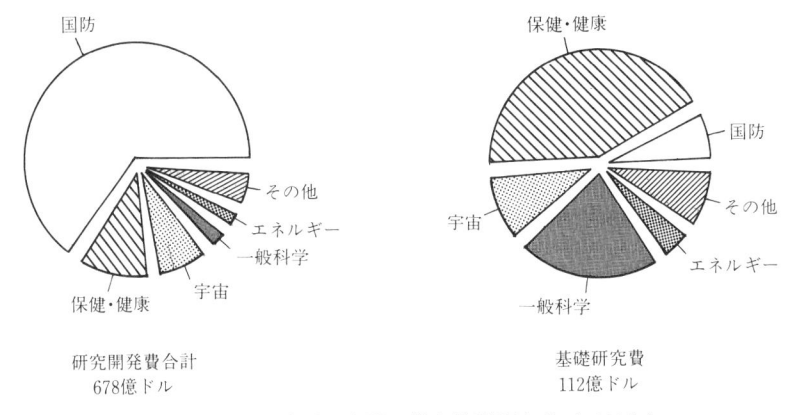

図2－1　用途別研究開発費と基礎研究費（1990年）

（出典：National Science Foundation（全米科学財団）、*Federal R&D Funding by Budget Function: Fiscal Years 1988～90*, 1989, p. 8）

軍事研究開発のデータを見ると、日、西独の民生用研究開発への傾斜はよく分かる（図2－2、次頁）。

　第2の理由は、人的資源の圧迫である。軍事研究は国家安全保障の必要という誰も反対できない大義名分があるので、常に最良の人材を確保してきた。民間企業とは異なり、研究開発に予算制約がほとんどないため、自然に優秀な研究者が集まった。この人的資源の点で大きな影響を与えたのが、1958年9月2日に成立した国家防衛教育法(The National Defense Education Act)であった。前年の57年10月にソ連がスプートニクを打ち上げたことが、米国に強烈なショックを与え、米国の科学技術の優位が脅かされたと受けとめ、その対応を国家レベルで実行した。NASAの設置、アポロ計画などがその代表例である。理工系学生の育成も重要な目標として掲げられ、そのために国家防衛教育法が制定された。この

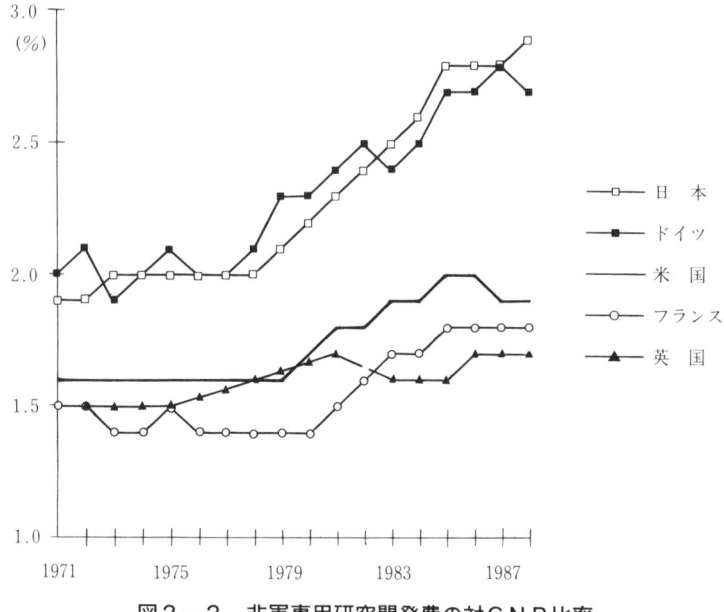

図2−2 非軍事用研究開発費の対GNP比率

(出典：全米科学財団『増補国際科学技術データ』1991年。Steven M. Irwin, *Technology Policy and America's Future*, The Henry L. Stimson Center, 1993, p. 41より引用)

法律は大学の理工系学生教育のための補助金を増額し、優秀な学生に対する「国防奨学金」を創設した。もっとも、この奨学金を貰うためには、共産党員ではないことを誓う書類に署名しなければならなかった。「赤狩り」とそれへの対抗の余熱が冷め切れていない時期であるため、有名大学で反対運動が起こった。90％の大学は抗議もしなかったが、プリンストン大学、イェール大学は国家防衛教育法の学生ローンを拒絶したのであった。

第3の理由は軍事研究開発が市場原理を無視することである。

兵器調達は少量生産であるために、コストに一定の利潤を上乗せすることを企業に許す方式を取っている。そのために国防総省が高度の性能を要求するあまり、コストを引き下げることに企業が無関心になる傾向を生んだ。極論すれば米国の国防関連ハイテク企業は利益の保証されるペンタゴンの調達に安住し、世界市場における激しい品質・価格競争を避け、その分だけ国際競争から取り残されるに至ったのである。このコスト・パフォーマンスの悪い兵器と装備は、議会で常に予算の無駄使いとして非難されている。

　第4にペンタゴンが軍事技術と民生技術を区別し、軍事技術に関しては国家安全保障の理由で対外流出を厳しく規制したために、米国企業の競争力を低下させた。ココムを中心とする米国の安全保障政策の一環として、技術輸出規制は当然ではあったが、現代の技術は軍事用にも民事用にも利用できる汎用（デュアル・ユース）である。そのような技術の輸出を規制することにより、米国のハイテク産業は世界市場から遊離することにもなった。

「国家安全保障」型産業政策

　軍事研究開発に以上のような欠陥があっても、いやあるからこそ、ペンタゴンはハイテク研究開発を軍主導でやってきたのである。産業面だけでなく国防上の理由から、米国はコンピューター、テレコミュニケーションなどの分野では、絶対にその技術的優位を失いたくないのである。そのためにDARPA（国防高等研究計画局）が中心になって、先端技術の研究開発を進めてきた。その例としては84～88年に6億ドルを投じた第5世代コンピューター開発計

画、87年までに5億5000万ドルの研究開発費が支出された半導体開発関連の VHSIC 計画(超高速の集積回路の開発)、1億5000万ドルが投じられた超伝導などがある。VHSIC は電子戦争に対応するための軍事用 IC の開発が建て前であったが、参加企業の関心は国防研究開発費を受けて開発する技術の民生転用にあった。しかも、この計画では国防総省の研究開発の契約先を米国関係者に限るとした国防総省調達規則を使って、外国企業の参加を排除している。日本の産業政策の典型だとして米国半導体工業界(SIA)が批判した、超LSI計画(76〜79年)とどこが違うのであろうか。

　米国は日本の通産省の行政指導による産業政策を「不公平」だと決めつけているが、米国ではそれ以上の規模で「国家安全保障」の名の下で国防総省が同じようなことをしてきたのである。ペンタゴンは1977年から製造技術(Mantech)計画を実施してきている。これは国防調達コストを減少させることを狙いとしており、防衛調達庁は軍服の製造を自動化する計画に、海軍は造船技術に、空軍はエンジン修理に、陸軍は弾薬のチェックの効率化に資金を投入した。軍事生産に従事する民間企業は生産性を上げるインセンティブがないために、ペンタゴンよりも議会が熱心にマンテク計画を推進してきた。例えば、1991年会計年度では国防総省は2億6500万ドルを要求したが、議会は1億5000万ドルを追加した。更に、新しい情報によれば93年会計年度では2億9700万ドルが支出されている。

　国防科学審議会(DSB)の報告書に基づいて、1987年2月に SIA が次世代半導体製造技術開発のために、政府と民間の共同体を作る素案を提出した。これを受けて議会が87年12月に可決した88年

会計年度包括歳出法の中で半導体産業の活性化に乗り出した。次世代半導体の官民共同開発計画に1億ドル、次世代 LSI 開発の基礎技術、X線微細加工技術開発に各々1500万ドルを財政支援することが正式に決まったのである。日本に対抗して戦略産業である半導体産業の国際競争力を高めることが目標である。日本では「半導体は産業の米」だとの表現が使われるが、米国では「半導体は国防と産業の石油」だとも言えよう。

　日本とのコンピューター競争に危機感を抱いて、1987年に米国は極めて異例の官民共同プロジェクトによる次世代半導体開発に乗り出した。これが有名なセマテック（SEMATECH）であり、国防総省のDARPAが50％の1億2500万ドル、14の民間企業が50％の1億2500万ドルの出資をし、6年間で総額15億ドルに達するプロジェクトである。社長には高名なノーベル賞授賞物理学者ロバート・ノイス氏が就任した。このような官民一体の共同研究開発を可能にしたのが、1984年国家共同研究法である。同法の成立により、共同研究開発を独禁法の適用から除外し、企業が反トラスト法訴訟の対象とされる心配なしに共同研究開発が可能となった。同法制定後、共同研究開発プロジェクトは急速に増え、1991年7月5日現在、MCC（マイクロエレクトロニクス・コンピューター技術公社）、セマテックなど232件にのぼる。

　セマテックの当初の目的は、92年までの5年間に半導体製造に関し、0.35ミクロンの製造技術を、外国の競争相手よりも6〜18カ月早く開発することにあった。製品では64メガ DRAM に相当する技術である。DRAM の歴史は米国インテル社が1970年に1キロビットを発売したのが初めであった。それから20年足らずで1

メガビットのDRAMは、1Kと比べて、集積度で1000倍、回路の幅では10ミクロンから1ミクロン（1000分の1ミリ）になった。人間の髪の毛の幅は50～100ミクロンで、煙の分子が1～4ミクロン程度なので、いかに回路の幅が細いかが理解できよう。現在サンプル出荷がされている16メガだと、回路の幅は0.5ミクロンになる。将来可能と見られる1ギガのDRAMでは回路の幅は0.1ミクロンとなり、現在の紫外線では回路を描けないのである。紫外線よりも波長の短いX線を利用するので、シンクロトロンという大型装置の実用開発が急がれている。この計画は日本と西独が先に財政援助を決めたために、ペンタゴンが慌てて予算化したものである。

　参加メンバーはIBM、AT＆T、DEC、モトローラを含む半導体メーカー14社と、セミ・セマテック (Semi/Sematech) と称する半導体製造装置・素材メーカー約130社の組合である。1988年1月6日、セマテックは12カ所の競争相手の中から、テキサス州オースチンをその製造工場に選んだ。敗れた11の都市には半導体開発技術のために、大学のエクサレンス・センターの計画書を提出すると5万ドルが与えられた。オースチンにはMCCが既に操業している。88年5月31日にセマテックは製造研究開発に対して、50万ドルから150万ドルを5つの優秀な大学のセンターに与えると発表した。5つの優秀大学とは、汚染防止技術のアリゾナ大学、光リソグラフィー技術のカリフォルニア大学バークレイ校、プラズマ・エッチングのニュージャージー大学共同体、測定技術のニューメキシコ大学、そして単一ウェハー技術のMITであった。

　セマテックは海外の人間には公開していないので、その研究開

発の成果について日本では、肯定する意見と逆に否定的な評論が入り交じっている。そこで米国議会図書館調査局が出した1993年1月の報告書『セマテック：争点と選択』に従って、その成果を見てみよう。フェーズ1は1988年末までに、回路幅0.8ミクロンの製造能力を開発することであったが、計画通りに達成できた。フェーズ2は日本の半導体製造能力と同一レベルに到達することが目的であり、0.5ミクロンの回路を開発することであった。1992年にセマテック・グループと共同してシリコン・バレー・グループ・リソグラフィー社（第3章第3節でニコンがパーキン・エルマー社を買収する件で再び登場する）がマイクラスキャン92を開発したことで、このレベルに到達したことが実証できた。更に、1993年1月に0.35ミクロン幅の回路技術の開発であるフェーズ3においても成功したと発表した。この技術では256メガのDRAMが90年代半ばに製造できる。この成果もあずかってか、1991年では世界市場で米国半導体機器は46.7％と日本のシェア44.9％を超えた。

　エレクトロニクスの分野での代表的な共同研究開発は、MCCである。これは1982年にコントロール・データ社のウィリアム・ノリス会長の指導でコンピューター関連の10社（IBMとAT＆Tは不参加）の共同企業体として設立された。日本の第5世代コンピューター開発計画に刺激されたもので、パッケージ・接続技術、超LSI用CAD、人工知能、ソフトウェアの4本柱で研究している。4つの分野全部に参加している企業は、コントロール・データ社、ハリス社、スペリー社の3社しかない。会長にはレーガン政権のCIA副長官であったボビー・インマン氏が就任したが、86年にテキサス・インスツルメント社の副社長であったグラント・ダヴ氏に交

代した。当初は民間企業間の共同研究であったが、次第に政府の委託研究が増加していると伝えられる。

第4節 汎用技術とスピン・オン

　ジェフ・ビンガマン上院議員が提出して成立させた法に基づいて毎年3月に国防総省が発表するのが、「重要技術計画」(critical technology plan) である。計画とうたっているが、「米国の兵器体系を長期にわたって質的優位を確保する上で最も重要と判断する技術」を列挙しているだけである。国防長官とエネルギー長官が上下両院の軍事委員会に提出した、1989年が第1回の発表であったので、そのリストを以下にあげてみよう。1)マイクロエレクトロニクスの回路設計とその製造技術、2)ガリウム砒素及び他の複合半導体調合技術、3)ソフトウェア開発技術、4)並列コンピューター・アーキテクチャー、5)AI・ロボット技術、6)シミュレーション・モデル化技術、7)統合光学装置技術、8)光ファイバー、9)高感度レーダー、10)パッシブ型センサー、11)自動目標識別装置、12)フェーズド・アレイ、13)データの融合化技術、14)特性放出制御技術、15)数値流体力学、16)空気吸収型推進装置、17)大出力マイクロウェーブ、18)パルス型動力装置、19)超高速弾関連技術、20)耐高温・高強度・軽量複合材、21)超伝導技術、22)バイオ技術関連材料と処理技術。

　ガリウム砒素半導体はシリコン素子よりもはるかに高速の演算が可能であり、高い耐環境特性を持っている。この分野では日本が極めて早くから取り組み、CD プレイヤーのレーザーダイオー

ドとして世界市場をほぼ独占してしまった。他方、米国での技術開発はSDI(戦略防衛構想、別名スター・ウォー計画)で急がれていた。米国で使用されているガリウム砒素半導体の80％は日本からの輸入であり、84〜89年までに使用量は年間40％で増加すると予想されていた。

　第2回目の重要技術計画は20の重要技術を選んだ。選定の基準は以下のようなものであった。1)現用兵器システムの性能向上に寄与すること、2)新たな軍事能力に寄与すること、3)使用可能性、確実性及び信頼性があること、4)兵器システムの入手可能性を増加すること、5)主要兵器システムに広く使用されること、6)産業基盤を強化すること。重要とされる技術は以上の基準の1つ以上で大きな改善向上が求められる。5と6の基準は90年度で新たに追加されたもので、産業基盤への転用について関心が高まっていることが反映されたものである。

　1991年5月に上院軍事委員会に報告された第3回目のペンタゴンの「重要技術計画」では、米国の国家安全保障に不可欠な21の重要技術が取り上げられている。全般的に米国は多くの重要技術分野で世界をリードしているが、日本は5分野で「明らかに先行」しており、6分野で「相当の貢献が可能」と評価されている。日本に対する評価を前回の報告書と比較すると、評価の上がった分野が3つあるが、下がった分野はない。NATO 諸国は「明らかに先行」している分野はなく、10分野で「相当の貢献が可能」と評価されている(表2－3、次頁)。

表2-3　重要技術21分野の国際比較

重要技術	日本	NATO	ソ連
半導体材料とマイクロエレクトロニクス回路	4(4)	3(2)	1(1)
ソフトウェア・エンジニアリング	2(2)	2(2)	1(1)
高性能コンピューター	2(2)	2(2)	1(1)
人工知能とロボット工学	4(4)	3(3)	1(1)
シミュレーションとモデル化	3(3)	3(3)	2(1)
光技術	4(4)	2(2)	2(2)
高感度レーダー	3(2)	3(2)	2(1)
パッシブ・センサー	3(2)	3(2)	2(1)
信号と映像の処理	2(2)	2(2)	2(2)
自動目標識別装置	2(2)	2(2)	2(2)
兵器システム環境	2(2)	3(2)	3(3)
データ融合化	2(2)	2(2)	1(2)
数値流体力学	2(2)	3(2)	1(1)
空気吸収型推進装置	2(2)	3(2)	2(2)
パルス電源	3(2)	2(2)	4(4)
超高速弾関連技術	2(2)	2(2)	3(3)
高エネルギー密度素材	3(3)	3(3)	3(3)
耐高温・高強度・軽量複合材	3(3)	3(3)	2(2)
超伝導技術	4(4)	2(2)	2(2)
バイオ技術関連材料と処理技術	4(4)	3(3)	2(2)
フレキシブル製造技術	2	2	1

注)4段階評価であり、4：明らかに先行、3：相当の貢献が可能、2：何らかの貢献が可能、1：直ちに貢献できるものはない。()内は90年3月の評価。

(出典：機械振興協会・経済研究所『機械産業における日米技術競争力に関する調査研究』1992年、44頁)

このうち15までが汎用技術であり、その多くが民事用技術として、民間企業が研究開発したものである。

　国防総省の諮問機関である国防科学審議会(Defense Science Board)の産業間国際兵器協力特別グループ(議長が元国防次官でヒューズ社の会長であるカリー博士)が83年秋に日本を訪れ、翌84年6月に『産業間国際兵器協力―その2―日本』という報告書を出している。これは日米間の軍事技術の分野における産業協力の一般的な政策提言であった。これを受けてペンタゴンは84〜86年まで毎年マッカラム博士を団長とする使節団を日本に派遣して、光電子工学とミリ波技術の詳細な企業別の調査を行っている。この使節団の報告書は88年に公表されている。

　厳しい市場原理が働く民間企業で開発された技術は非常に高度なものになり、コストも安く軍事に転用されるに至った。代表的な例として、極小ボール・ベアリングをあげてみよう。かつては最高の精度が要求されたのは、米国向けの航空機やミサイルの慣性航法装置用であった。回転中の軸の振れが1ミクロン(1000分の1ミリ)以下であることが求められた。ところが家庭用ヴィデオの心臓部に当たる回転ヘッドに使用されているものは、0.5ミクロン以下でないと納品できないのである。しかも、ミサイルとヴィデオでは生産量が3〜4桁も違う。これではコスト、性能ともに民生用技術が優位となるはずである。これを「スピン・オフ」の逆であるというので「スピン・オン」と言う。

　スピン・オンの例をもう少しあげてみよう。CD に使われているレーザー半導体は、ミサイルの誘導装置に利用されている。クレジットカードや銀行のカードに使われている磁気メモリーは、

軍事面ではパイロットの飛行記録、管理装置に使われているそうである。運動会で活躍している片手で扱えるまで軽くなった、家庭用ヴィデオカメラには CCD という電荷結合素子が組み込まれている。わずか1センチ四方の小さな薄い板に10万もの素子が組み込まれ、映像を電気信号に変えている。このような CCD ならば携行型地対空ミサイルの頭脳になる。実際に、対米武器技術供与の第1号になったのが、誘導部分に CCD を利用した携行 SAM 関連技術であった。

更に、赤外線を感知する IRCCD（素子約25万個）ならば、夜でも熱を持った物体を識別する暗視装置に利用できる。民生用としては既に、原子力発電所のパイプからの冷却水漏れ監視に利用する低密度のものが実用化されている。三菱電機では88年4月からこのセンサーを用いた赤外線撮影装置を2000万円で売り出している。密輸船の監視、夜間のヘリコプターの運航、要人の警護などに利用されているという。電子レンジの電磁波を吸収するために日本で開発された電波吸収材は、米国ではステルス戦闘機のコーティング材として利用しようとした。軽くて強い材料として米国では戦闘機に使われているカーボンファイバーは、日本ではゴルフクラブや釣り竿、テニスのラケットに使われている。

民生用技術が優秀になり、デュアル・ユースの性格を持つと、経済と国家安全保障の関係にも変化が生じた。軍事技術を支えるのが民生技術であるということは、最新兵器を作り出す基盤が国営工場や産軍複合体ではなく、健全で競争力と活力にあふれる一般企業であることになる。つまり、米国全体の産業が外国企業の競争力に脅かされ、弱体化することが、単に経済競争力の低下と

いう経済問題ではなく、国家安全保障の視点からも無視できなくなるのである。従来のように国防総省と国防関連企業だけでなく、エレクトロニクス産業、半導体産業、コンピューター産業、更にハイテク産業全体までが国家安全保障の基盤になったわけである。

94年4月にペンタゴンは向こう5年で総額5億8700万ドルを投入する「国家平面ディスプレー・イニシアティヴ」を発表している。日本企業が圧倒的なシェアを誇っている液晶ディスプレーの分野で、米国企業の競争力を高めるために、技術開発、生産力強化の国家特別計画を実施することになったのである。今世紀中にシェアを現在の数％から15％程度まで上げるのが目標である。巨大な購買力を持つ国防総省を中心にエネルギー省、商務省などが協力して、日本型の産業政策を開始したことが注目に値する。ペンタゴンが中心になるのは、高性能小型ディスプレーがパソコンなどの商用エレクトロニクス商品に必須であるだけでなく、航空機、艦船、戦闘車両などで不可欠であるからである。ARPA（DARPAを改組した組織）の研究費を中心に生産設備試作費を含めて、94年から98年までの5年間に5億8700万ドルを新たに編成される企業連合に支出する。企業側も同額以上の開発支出をすることになっている。なぜ小型ディスプレーは必要かと言うと、米陸軍の主力戦車である M‐1エイブラムスでは搭載武器のマニュアルがあまりにも多くなり、戦闘員を1名削らざるを得なくなった。小型液晶ディスプレーに CD‐ROM から必要データを映せば、1名の戦闘員をまた乗せることが可能になる。

ペンタゴンは94年10月5日に兵器開発の新戦略となる「国防科学・技術戦略」を発表した。軍事産業を丸抱えする形で高いコス

トの兵器開発を進めてきた米国が、比較的コストの安い日本などのハイテク製品の導入を大幅に拡大する方向に大きく転換することを示している。ドイッチュ国防副長官が公表した新路線は、ペンタゴンが独自に軍事技術を開発し、軍事産業を育成してきた従来の戦略がもはや現実的ではなくなったと認め、今後の兵器開発をより安上がりにするため「内外の最良の民間の技術、製品を活用することを原則にしなければならない」と述べ、新戦略の採用は米国企業の競争力向上にもつながると強調した。軍事・民生両部門の協力については、同じ生産施設で兵器と民生用製品の両方を生産できる技術の確立が必要だとして、新型戦車開発での軍とビッグ3との協力を望ましい例としてあげた。

第5節　クリントン政権における競争力強化政策

　国内経済問題が最大の争点であった92年の大統領選挙で、クリントン候補が「米国経済再生策」の1つにあげていたのが、産業競争力の強化であった。最も明確に科学技術政策に対する態度を表していたのが92年9月に公表した『科学：経済成長への機動力』と題する文書であった。ここでは技術競争力の強化こそが新政権の最優先事項だとして、民間技術の活用によって米国が抱える国家安全保障と経済競争力の問題を解決できるとしていた。このためには基礎研究の成果を商業的成功に導くための一貫した技術政策の必要性と、従来軽視されがちであった応用研究、開発研究が重視された。

　大統領に当選後クリントン大統領は93年2月17日に『アメリカ

変革のヴィジョン』を発表し、ゴア副大統領も『米国の経済成長のための技術』を発表して、3つのゴールと6つの新政策を打ち出した。3つのゴールとは、1)雇用の創出と環境を保護しながらの長期的経済成長、2)より生産的でより国民のニーズに答えた政府、3)基礎科学、数学、工学分野における世界的リーダーシップである。6つの新政策とは、1)研究開発投資の税額控除、2)国家情報インフラストラクチャーへの投資、3)先端高度製造技術の開発、4)米国自動車産業復興のための技術競争力の再構築、5)教育、訓練に対する技術の改善、6)エネルギー効率の高い政府建造物への投資、であった。この内容は明らかに前年に発表した文書を踏まえており、その具体的な内容では第1に軍事費の削減と民生分野へのシフトであり、第2が政府の科学技術行政機構の組織改革、第3に情報スーパー・ハイウェーを中心とする社会インフラの整備、第4に中小企業の育成がある。

　国防研究開発費の削減は冷戦の終了により可能になった。ただし、多くの平和主義者が望んでいたような「平和の配当」は実現しなかった。政府支出は94年度予算では総額540億ドルも削減したが、研究開発はほとんど削減されなかった。国防関連研究開発予算は前年度よりも33億ドル削られ、390億ドルとなった。最も目立ったのはSDI(戦略防衛構想)の弾道ミサイル防衛システムの10億ドルの削減であった。他方、非国防関連研究開発費は前年度に比べて17億ドルの増加を見て、326億ドルになった。産業界との共同研究開発プログラム(CRADE)の増額が極めて目立つ。クリントン政権の特徴は個別の共同コンソーシアムを支援するのではなく、国家全体の戦略として政府―民間の研究開発の共同事業の重

要性を認め、促進することにあった。

　競争力の強化とは「技術の商業化」であり、米国の得意な分野である基礎研究や軍事技術を商業的な成功に結びつけることを狙っている。その具体的な政策の1つがレーガン政権が導入を決定し、ブッシュ政権から開始された「先端技術計画」(ATP) である。これは商務省の国立標準技術局 (NIST) が担当して、「種」（シーズ）に資金を提供するものである。新技術の商業化促進を目的にして、企業が行う応用研究に連邦政府が補助金を支給するもので、参加企業から好評であった。クリントン政権は93年度6800万ドルであったATP予算を、95年度には約4億3000万ドルに拡大した。97年度には7億5000万ドルまで拡大されると報道されている。会計検査院 (GAO) の報告書によれば、企画数合計663件のうち、選ばれたのはわずか78件というように、競争がかなり厳しいものであった。

　第2に「製造技術普及パートナーシップ」(MEP) がある。製造技術や経営手法を普及させるための施設を展開するプログラムで、これもブッシュ政権が開始した政策である。クリントン政権は97年度までに施設を100カ所に拡大する方針である。第3に「情報技術」の重視がうたわれている。その中心的存在が「情報スーパーハイウェー構想」であるが、これも起源は80年代のものである。ゴア副大統領が上院議員時代から提唱していたもので、全米に光ファイバー網を張り巡らし、競争力回復に役立てようとする政策である。既に94年8月には「ノースカロライナ情報ハイウェー」が本格稼働されている。NREN (National Research and Education Network) は1991年高性能コンピューティング法により実施されたプログラムの1つで、全米の研究所、教育機関、政府、産業を接続しよう

というものである。1991年高性能コンピューティング法はゴア副大統領が上院議員のときに提出し、91年12月に成立した法律である。その目的は高性能コンピューターの分野における米国の国際競争力強化のために大容量の学術研究用コンピューター・ネットワークを構築し、情報基盤を発展させるとともに、この分野の研究者と教育者を育成し、必要なソフト開発を促進することである。

　クリントン政権独自の政策はほとんどなく、80年代以降の共和党政権の政策の延長線上にあると言えよう。予算額の大幅増しか特徴はないと言っては過酷かもしれない。しかも、軍民転換ではその成果も見られないと言わざるを得ない。同政権は軍事技術中心であった国立研究所(リバモア研究所、ロス・アラモス研究所では首切りの嵐が吹き荒れた)と企業の共同開発を促進する政策を打ち出した。具体例は超低燃費自動車の開発、液晶パネルの開発などがある。92年には早くも300以上のプロジェクトが誕生し、予算も2億ドル台に達している。93年9月29日に、クリントン大統領は片側にゴア副大統領とギボンズ科学技術政策局(OSTP)局長、もう一方にはビッグ3の社長を揃えて「クリーン・カーの政府と民間共同開発プロジェクト」を発表した。この計画は現在の3倍もの燃費効率、即ち1ガロン当たり80マイルの自動車を10年計画で共同開発しようというものである。ビッグ3は受け皿としてUSCAR というコンソーシアムを設立した。政府側は商務省を中心にして、NASA、エネルギー省、国防総省、環境保護庁などが参加を予定している。

　既に1991年からビック3により先進バッテリー・コンソーシアム(ABC)が開始され、エネルギー省から補助を受けている。91年

の予算は190万ドル(そのうち124万ドルがエネルギー省)、92年が990万ドル(そのうち470万ドルがエネルギー省)でガソリン自動車と電気自動車に使用される新しい自動車バッテリー技術の開発に使われた。

　更に、「技術再投資計画」(TRP: Technology Reinvestment Project) という、軍民転換を目的とした企業の研究開発に対する補助金の支給も開始した。民間企業や研究機関から申請された研究開発プロジェクトを審査して、申請者が準備した資金と同額を連邦政府が補助するという形で補助金を支出する制度である。94年10月25日にクリントン大統領が39のプロジェクトに２億ドルを配分するTRPの決定を発表したが、そのときの演説を引用してみよう。「今日民間企業は多くの先端技術の源になっている。それらの先端技術は米国が世界で最強の軍事力を維持するために必要である。ここに発表するプロジェクトは民間企業と国防需要とを結びつけ、米国を軍事的にも経済的にも強化するであろう」。このクリントン演説は端的にこの計画の目的を表している。93年度の予算は４億7160万ドルであったが、申請されたプロジェクトは全米で2850件にのぼった。10月22日に１億4000万ドル分が発表された。主なプロジェクトは、プラスチック複合材を使った橋梁建設に2100万ドル、爆発性のエネルギーを動力とした緊急救助装置の開発に1600万ドル、プリント基盤を使わない集積回路をパッケージ化する方法の開発に2000万ドル、半導体や電気自動車に適用可能な小型バッテリーの開発に1900万ドルなどであった。

　TRPは国防総省が担当し、商務省、エネルギー省、運輸省、全米科学財団(NSF)、NASAが参加しているもので、93年３月に第１

回として、1600の企業と大学が参加した212のプロジェクトに対して、6億500万ドルが支出された。

　クリントン政権の姿勢を示す一番象徴的なことは、93年3月に国防総省の研究分門で軍事ハイテク技術を開発してきた DARPA(国防高等研究計画局)から国防の一語を削り、ARPA に改組したことである。これによって産業競争力強化に直結する汎用技術の研究開発に重点が置かれることになろう。現在 ARPA が行っている汎用技術フロジェクトは以下の7つである。1)現在よりも10倍の集積度のデータ・ストレッジ、2)投影実物の横断面をレーザーで解析するためのアルゴリズムであるエレクトロ・マグネティック・コード、3)マイクロ・テクトロニクス CAD 技術、4)マイクロ・マグネチック・コンポーネント、5)精密インベストメント・キャスチング、6)超微少キャパシテーター素材加工、7)秒速100億ビット以上の超高速全米通信コミュニケーション・システム。今まで連邦政府の研究開発費の60％を占めていた軍事の割合を1998年までに50％まで落とそうとしているのである。93年3月に公表された議会図書館調査局のマクローリンとシャハトによる報告書『クリントン―ゴア政権の技術政策イニシアティヴ』によれば、民生用研究開発費を現行の279億ドルから、1988年には366億ドルに増加させると言う。

　より具体的な「ポスト冷戦」に軍事・産業基盤をどう適応させるかについて、1991年2月に、議会技術評価局が提出した『新しい安全保障環境に適応するために―国防技術と産業基盤の挑戦』を見てみよう。冷戦が終わって第2次大戦後初めて大幅に国防費を削減できることになった。ソ連の軍事的脅威がなくなったが、イ

ラクのクウェート侵略や地域紛争の激化を見ると、米国の軍事能力を一挙に低下させるわけにはいかないと最初に述べている。不確定性が増した環境の中で、しかも米国の経済的優越が喪われた状況下で国防費の削減を実施し、かつ将来のために軍事・産業基盤を維持していくのは相当な難問であろう。同報告書は「軍事・産業基盤とは、兵器生産と国家安全保障目標を達成するために必要な支援国防機器を開発し生産するための、人、機関、技術ノウハウ、生産能力の組み合わせである」と広く定義している。その3つの要素とは、1)技術基盤、私企業の施設、研究所、国防研究をしている大学施設、連邦政府機関、テスト・センターなど、2)生産基盤、3)維持基盤、例えば兵器庫、貯蔵施設など。更に、主契約者である巨大企業は無数の民生用製品を生産している企業に依存していること、研究開発の面でも軍事研究は民生用研究開発と相互作用があることを指摘して、**図2－3**のような二重ピラミッドでモデル化している。

　部品や原材料という低いレベルでは産業の統合はありうるのだが、国防総省の軍事性能重視の供給条件が厳し過ぎるために統合が不可能になっている。特殊な条件、苛酷な使用条件など軍事使用(ミリタリー・スペック)は、たとえ類似製品が既に民生市場に存在していても、軍事専用のロットを要求している。この欠陥は米国議会でもしばしば取り上げられ、軍事コスト削減の例に取り上げられている。このモデルでは軍事的脅威が増加すると、財とサーヴィスの生産は民事部門から軍事部門へシフトし、脅威が減少すれば、また民事部門へ戻っていくと想定されている。第2次世界大戦では軍事生産は1940年に **GNP** の1.7％であったが、1944年に

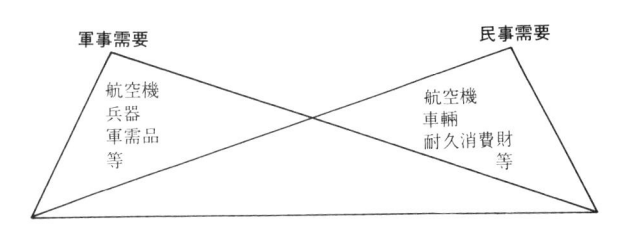

第5節　クリントン政権における競争力強化政策　73

```
    軍事需要                          民事需要
        ╲                          ╱
      航空機  ╲                  ╱  航空機
      兵器      ╲              ╱    車輌
      軍需品      ╳          耐久消費財
      等        ╱  ╲              等
            ╱        ╲
```

最終生産財　宇宙航空、エレクトロニクス（コンピューター、通信・電話、ソフトウェアなど）、造船、乗用車、建設機械、農業用機械など

　　　　　　　　　　　　　　　　↑

中間財　　　鍛造、鋳造、ボールベアリング、工作機械、ロボティックス、半導体、半導体機器

　　　　　　　　　　　　↑

基本財　　　鉄鋼、石油化学、金属（アルミニウム、チタニウム、銅など）、セラミックス、複合ファイバー、光ファイバーなど

入　力　　　原材料、エネルギー、資本、技術、科学、熟練人材、経営

図2－3　軍事・民事需要モデル

（出典：Roderick Vawter, *Foreign Dependency and Foreign Vulnerability*: Part I, A Survey of the Literature, National Defense University, 1986. OTA（技術評価局）*Redesigning Defense*, 1991, p. 39より引用）

は39％を超えていた。ただし、米国の軍事技術と産業基盤が外国にどのように依存しているかは描いていない。

　大統領の諮問機関である競争力政策協議会（Competitiveness Policy Council, 委員長はフレッド・バーグステン国際経済研究所所長）が93年10月6日に米国の国際競争力の現状を分析し、その強化策を提言した報告書を発表した。この協議会は産業界、労働界、政府、公益団体からの代表12名で構成される超党派の連邦レベルの諮問委員会である。

　クリントン大統領は国内経済を最重要課題に位置づけて、国家

経済会議(NEC)を設置した。NECが行政予算局を助けて、優先事項を予算に組み入れることが考えられていた。注意したいのは国防長官が NEC のメンバーから外されたことである。従来は国防総省は国務省とペアを組んで、商務省や USTR と対抗することが多かった。当初はロバート・ルービン経済問題担当大統領補佐官が議長となり運営していたが、94年12月にルービンは財務長官に指名された。

　93年9月29日にはクリントン大統領は「国家輸出促進戦略」を発表した。これはブラウン商務長官が委員長を務める貿易政策調整委員会(TPCC)が、約半年かけて2000以上の各界の有識者の意見を踏まえて検討して議会に提出した報告書である。取りまとめの中心人物はブロディ輸出入銀行総裁であった。"Towards a National Export Strategy : U. S. Exports=U. S. Jobs" のキャッチフレーズが目を引く。この戦略は2000年までに輸出額を92年の7000億ドルから1兆ドルに拡大し、輸出による雇用も720万人から1300万人に増加させようとする野心的な計画である。その提言は、1)輸出管理規制の改革、2)輸出促進予算の一元化、3)輸出財政援助の拡充、4)連邦レベルでの輸出推進調整ネットワークの確立、などをうたって65もの勧告をしている。勧告で重要と思われるものだけを取り上げると、1)資源の戦略的配分、2)国内ネットワークの構築、ボルチモア、シカゴ、ニューヨーク、ロサンゼルスに輸出手続きと助言を一括して行うセンター(one-stop shop)を設置する、3)海外ネットワークの構築、大きな市場を持つ国毎に単一の総合的な商業戦略計画を策定する、4)支援措置、海外の主要な調達事業・計画を組織的に把握するための支援調整ネットワークの創設、5)融

資、輸出融資制度の周知徹底、参加金融機関の拡大、制度の拡充、6) 輸出規制の緩和、輸出管理制度の合理化とコンピューター、通信機器に対する輸出規制の自由化、である。

輸出管理に関しては、基本認識として冷戦時代に作られたハイテク技術の輸出規制は既に時代遅れになった。全米科学アカデミーが87年に発表した『国益のバランスを求めて』では、輸出規制のために、米国企業は毎年93億ドルの損害を被っていると指摘した。その中身は西側諸国への輸出の損失が50億ドル、東側諸国への輸出の損失が14億ドル、企業の輸出管理コストが5億ドル、研究開発投資の減少が5億ドル、ライセンス却下の額が5億ドル、外国関連会社の販売の減少が5億ドルであると推定している。同アカデミーが91年に発表した『共通の土台を見つける』においても、「米国産業の輸出を促進する意味でも、複雑で厳しい輸出管理体制は早急に改善されるべきだ」と述べられていた。

米国の輸出許可は93年の推定で580億ドルで、その約3分の2がコンピューター、約10％が通信機器であり、この2つの産業にとって輸出規制の緩和は福音である。

米国のハイテク企業の経営者などが組織する競争力評議会(Council on Competitiveness、議長はアレアー：ゼロックス会長)が94年9月19日に米国の技術競争力の現状を分析した報告書を発表した。91年に発表した "Gaining New Ground" の改訂版である。この報告書は商業化と生産システムで目立った進歩があったと言うが、過大評価ではないだろうか。ディスプレーだけは「ひどい負け」状態で、一度他の国家が市場を独占した重要技術のリーダーシップを取り戻すのがいかに困難かを示している。世界の平面ディスプ

レー市場56億ドルのうち、日本企業が約95％を供給している。米国ではDARPAの資金で93年に米国ディスプレー連合が組織されたが、それはディスプレー生産に必要な装置や素材を納入する国内メーカーのインフラを整備するのが狙いであった。

　事実上の産業政策がレーガン、ブッシュ両政権で始まったが、「産業政策」という言葉は未だに米国ではタブーである。産業政策は産業保護になりやすく、結果的に競争力を落とすと考えられているし、民間企業に対する政府の干渉を嫌う米国の体質がこの言葉の使用を避けている理由であろう。

第3章　米国の技術覇権戦略の実体

第1節　MLH（マルティプル・リーガル・ハラスメント）

マルティプル・リーガル・ハラスメントとは、米国への輸出あるいは直接投資などに対して、米国企業が複数の通商法規によって多数の提訴を行い、法的手段によって妨害することである。

通商法の多様な法規を利用して多くの提訴がなされていることは**表3－1**(次頁)からも明らかであろう。

MLH の事例として、まず工作機械を取り上げたい。工作機械とはあらゆる工業に使われる部品や機械を作る機械であるため「マザー・マシン」と呼ばれている。中学生時代に旋盤をいじった記憶が著者にもあるが、現代の工作機械はコンピューターが動かし、その精度はミクロン以下である。1982年5月3日、米国フロリダにある工作機械メーカーのフーダイユ(Houdaille)社(ホーディールとの表記がなされている例もあるが、本書ではフーダイユの表記を取る)が、1971年歳入法第103条に基づいて、大統領に対して日本製の NC マシニング・センターと NC 穿孔機に対する投資税額控除の供与を無期限に差し止めることを求め、USTR に提訴した。日本の工作機械業界が不公正な貿易慣行を行っている、特に

表3－1　MLHのデータ（～1989年）

年	201条	301条	相殺関税	反ダンピング	合計
1975～79の平均	8.8	4.2	2.6	16.6	35.2
1980	2	0	11	29	42
1981	1	5	14	19	39
1982	3	6	124	71	204
1983	0	7	31	45	83
1984	7	2	53	73	135
1985	4	5(4)	41	62	112
1986	1	6(4)	29	71	107
1987	0	5(1)	8	15	28
1988	1	7(1)	13	42	63
1989	0	10(7)	7	23	40

注）かっこ内の数字はUSTRによってなされた提訴の件数である。
　201条は公正貿易の免除規定（いわゆるエスケープ条項）。
　310条は不公正貿易に対する制裁措置。
　相殺関税とは補助金付きの輸出に対する関税。
　反ダンピングはダンピングに対する制裁関税。
（出典：A. Alesia and G. Carliner, eds., *Politics and Economics in the Eighties*, Chiago/London, 1991, p. 262)

日本政府がカルテルを育成し、奨励しているというのがその理由であった。

　歳入法103条に基づく提訴は、このフーダイユ事件が最初であった。フーダイユ社が歳入法103条を使ったのは、米国機械工業会（NMTBA）のジム・マックの示唆によるものであった。経済摩擦でよく使われるのは、1974年通商法201条であるが、この条項による訴訟は長い期間を要し、しかも救済が得られるとは限らない

第1節 MLH(マルティプル・リーガル・ハラスメント)

のである。そのためフーダイユ社は、早期の決定を求めていわば手垢のついていない本条を基に提訴したのであった。米国通商法の専門家の間でも本条に関して議論がなされたことはなかった。本条は輸出国政府がカルテルの許容を含めた差別的政策を実施し、これが米国の通商を不当に制限する場合には、大統領は輸入品に対する投資税額控除の特典の供与を撤回することができると定めていた。

通産省が1956年以来3次にわたる機械工業振興臨時措置法に基づき工作機械業界に対し、競争力を高めるため数々の合理化策の実行を奨励または指示したと、フーダイユ社は主張した。第2の論点は、米国とカナダ向けのNC旋盤とマシニング・センターの輸出価格を規制するために、1978年に輸出入取引法に基づく輸出カルテルが形成され、通産省はこれらの製品の対米輸出価格に関し、輸出者がその価格についての承認を得ることを義務づけたことであった。第3に同社は、日本政府の特別減価償却控除、税法上の輸出奨励措置、海外市場開拓準備金等の税制上の優遇措置を批判した。第4の論点は、日本の工作機械産業が、日本開発銀行、中小企業金融公庫、日本興業銀行、長期信用銀行、新技術開発事業団から、特別に低利の貸付けを受けていたこと、また自転車競技法に基づき競輪やオートバイレースからあがる収益の一部を補助金として受け取っていたと主張した。もしも、歳入法103条がフーダイユ社の主張するような条項だとしたならば、輸入制限を求める米国産業にまた1つ強力な武器を与えることとなったであろう。

また、本提訴は日本の産業政策そのものを批判したものであり、

その意味では実に重大な日本への挑戦状でもあった。しかもそれが米国の国家安全保障と結び付けられたのである。しかしながら、日本の工作機械業界に対する補助金の金額という基本的事実に関するフーダイユ社側の主張は、全く一貫していなかった。最初は1000万ドルのレベルであると言っていたが、次に1億ドル、それから7億ドル、最後には10億ドルにまでエスカレーションしていったのである。しかし、事実は約50万ドルであり、しかもその補助金の理由は米国政府が通常業界に与えているのと同じ形式であった。また、価格カルテルに関しては、確かに日本の工作機械業界が対米輸出をする際にはある一定の価格以下にするという制約があった。しかし、このような価格カルテルが存在したのは、もともと米国側が日本に要求したために生まれたのであった。米国側が自ら要求しておきながら、それを実際に守っていた日本の工作機械業界を罰せよと主張するのは不当であろう。

　フーダイユ社のラトナ副社長によれば、USTRと通産省との交渉は全く成果がなく、通産省側は別の機会に工作機械の輸出自主規制協定を申し込んだが米国側がこれを取り上げなかったという。フーダイユ社は、税制上の措置によって輸入を制限することはGATT違反となるとの批判を考慮して、マシニング・センターとNC穿孔機が武器その他の生産に不可欠であるが故に、日本からの輸入製品の米国市場侵食は、「米国の防衛と安全にとって重大な脅威となっている」と主張した。いわば、輸入規制の法的根拠を歳入法103条から1962年通商拡大法232条に切り替えたのである。この安全保障の側面に関し、ボールドリッジ商務長官とブロック通商代表、国防総省は関心を示した。この事件は11月までに7

回もの閣僚会議において議題にされたが、閣僚間で意見が分かれたままであった。経済担当大統領補佐官、国務省、経済諮問委員会、財務省はフーダイユ社の訴えに強い反対を示した。結局、1988年4月22日、レーガン大統領はフーダイユ社の申し立てを却下したが、その代わり米国政府は日本の産業政策について日本政府と協議に入ることを決定した。

　家電業界は米国の MLH の被害を早くから受けた業界である。この事例は松下満雄『日米通商摩擦の法的争点』(有斐閣)、と村上政博『アメリカ経済法』(弘文堂)に主として依拠する。カラー TV の対米輸出問題では、米国のゼニス社を中心とする国内業者は5から6の異なる法律を次々に利用して、日本製 TV の輸入を阻止してその「不公平」な輸出に報復を図った。まず最初に1921年反ダンピング法の訴訟を受けた。1968年に米国電子工業会 (EIA) が日本製白黒・カラー TV がダンピングされているとして財務省に提訴した。1970年に財務省は「クロ」の認定を下し、71年には ITC が損害要件を満たすとの認定をしたが、この後10年以上にわたりアンタイ・ダンピング税の査定・徴収を巡り財務省・国際関税委員会側と輸出業者間で延々と申し立てと交渉が続いた。最終的には商務省と輸出業者側との間で、商務省が71〜79年までのアンタイ・ダンピング税請求権を放棄する替わりに、和解金を支払うことで和解が成立した。第2が相殺関税法による提訴である。ゼニス社が1970年に日本政府が TV の対米輸出に補助金を出しているとして、相殺関税の徴収を求めて財務省に提訴した。もう少し正確に述べると、日本政府は国内向けの TV については物品税を徴収しているのに、輸出用の TV についてはこれを免除しており、

これが相殺関税法における輸出補助金に該当するので、米国政府はこれに対して相殺関税をかけるべきだと主張したのである。財務省がこれを却下したため、同社は関税裁判所に提訴したのである。この裁判は連邦最高裁まで行き、78年に最高裁が日本政府による輸出品に関する物品税の免除に関しては相殺関税を徴収できないと判決を下し、ゼニス社は敗訴した。第3に関税法337条がある。1967年にシルベニア社が日立、東芝、三洋、シャープ、三菱電機がTVをコスト以下の価格で輸出しており、これは関税法337条に言う「不公正な輸入慣行」に相当するとして、国際貿易委員会(ITC)が調査した。この事件は結局77年に和解が成立している。第4が1974年通商法201条である。米国カラーTV産業防衛委員会(COMPACT)が外国製カラーTVの輸入により米国産業に被害が生じているとして、国際貿易委員会に提訴した。1977年になってITCは被害があったと認定し、関税20％の賦課を課して税率25％の勧告をした。カーター大統領は日本政府と交渉して、日米市場秩序協定を結び、日本政府は3年間にわたって年間175万台にする自主輸出規制をした。第5にゼニス社の独禁法訴訟がある。NUE社とゼニス社が日立、東芝、三菱電機、松下電産、三洋、シャープ、ソニーの7社とそれらの国内商社、米販売会社の17社を被告として、米独禁法違反の訴訟を起こした。81年に原告の全面敗訴の判決があった。

このように、カラーTVの対米輸出問題は、日本側から見れば、ダンピング、相殺関税、エスケープクローズといった各種の手段でいじめられ(ハラスメント)、それではと輸出自主規制に応じると、今度は独占禁止法で問題とされるという始末であった。

この米国企業として唯一のTVメーカーであったゼニス社(本社イリノイ州)が95年7月に消えた。かつての米国の花形産業の1つであったTV製造業は、すべて外国企業の経営の下に置かれた。しかも、買収したのは元下請けであった韓国のLGエレクトロニクス社(旧社名金星)であった。米国が発明したTVではあるが、60年代までは20社を超える企業がブラウン管を製造していたが、安くて高品質の外国製品との競争に敗れた。現在TVメーカーとして残っているRCA社はフランスのトムソン社に、マグナボックス社はオランダのフィリップス社に既に買収されている。LGエレクトロニクス社は70年代半ばにゼニス社のブランド名でラジオを生産したことから両社の取引が始まり、91年にゼニス社の株を5%取得していた。今回は約58%の株を3億5000万ドルで取得し、事実上のオーナーとなったのである。

　このようなMLHがなされる背景には、米国としては自国の成績不振を認めたくなく、他国の責任にしたいという心理が隠されている。その場合にはスケープゴートとして選ばれる相手国は、宗教と民族の両面で著しく異なっている国が選ばれやすい。日本経済を「悪玉」に仕立て上げる絶好の口実が「日本市場の閉鎖性」となっている。一昔前までは、日本をスケープゴートにする口実はダンピング輸出であり、集中豪雨的輸出による市場撹乱であった。しかし、60年代終わりから台湾、韓国、香港などアジアNICSの対米輸出の激増があり、日本の対米輸出ダンピングだけを攻撃するわけに行かなくなった。それで日本からの「輸入」を問題視するのではなく、対日「輸出」の問題、すなわち、「日本市場の閉鎖性」を日本の悪の証拠として宣伝し始めたのだろう。

米国企業は複雑で日本企業があまり得意ではない米国法を利用して、複数の通商法法規をその適用が認められるか否かに関係なく、提訴を濫用して日本企業に多額の弁護士費用を負担させて、開示請求を次々に要求して必要書類を英訳させる消耗戦を強制することが目的であった。

　我々日本人がまず認識しなければならないことは、米国が法的な手続きへの執着が異常に強い国家であるということである。「訴訟社会アメリカ」が通商問題で最大の力を発揮している。手続きを標準化すること、議論や決定の透明度をできるだけ大きくすること、不正を最小限にすること、非常に不当な扱いを受けたと思う者には誰でも政府機関に訴えることができることなどが、日本と異なる点である。

第2節　テクノ・ナショナリズム

　レーガン政権が米国の国際競争力低下の巻き返しの手段として、技術を利用する意図を明らかにしたのは就任直後からであった。議会に提出した『1982年度科学技術報告』の中で、次のように述べている。

　　「今日アメリカが経済的繁栄と国家安全保障の両面において重大な挑戦に直面している。わが国は国際市場における産業競争力を維持し、国防面での技術的優位を続けて確保するために、ますます科学技術に依存するようになってきている。……連邦政府による研究開発支援、特に基礎研究に対する支援の著しい増大は、科学技術を介してアメリカの経済と国防

を強化しようとする我々の長期的なコミットメントを証明するものである」。

安全保障において米国に脅威を与えていたのはソ連であり、経済面で脅威になっていたのが日本である。これに対応するために、レーガン政権が打ち出したのが、ソ連に対してはココム規制の強化であり、日本に対する「テクノ・ナショナリズム」である。

ペンタゴンの省令による買収妨害

レーガン政権は81年1月に「産業安全保障規則」を設定し、ハイテクの対ソ流出防止に本格的に乗り出した。具体的には10月から「エクソダス作戦」を実施し、港、空港で税関の取り締まりをして、6カ月間で300件、2000万ドル以上の押収がされた。国防総省は税関中心のこの作戦に、異例の措置であるが2800万ドル出資したのである。これを受けて、82年1月には税関当局が財務省ビル内に「エクソダス指令本部」を設置して、ハイテク流出に本格的に乗り出した。

「産業安全保障規則」は1947年の国家安全保障法の施行細目に基づき、ペンタゴンが決定したのであるが、この後日本企業が米国のハイテク企業を買収するときに、この規則で買収を妨害されることになった。国防総省は米国の国家安全保障上重要な機密情報を「秘密情報」に指定でき、厳格な国家管理に置くことができる。この機密扱いとなった情報については、私企業のアクセスが制限されることになる。私企業が国防総省と契約して、軍事生産をしようとする場合に問題が発生する。「施設保安許可」(security clearance)を持っていない企業は、その従業員に機密情報を開示で

きないことになり、この許可がないと実際上その企業は機密扱いの技術が関係する研究開発、製品開発ができなくなる。また、国防総省の発注する国防関係機材の入札に参加することも、随意契約によって国防関係機器の開発・生産にも参加できないのである。

よく知られている事例では、新日鉄が超合金メーカーのスペシャル・メタル社の買収に成功し、株式を受け取ろうとしたときに国防総省から邪魔された事例がある。同社はアレゲニー・インターナショナル社の子会社で特殊金属の製鋼部門であったが、親会社が需要に波のある部門の切り離しに踏み切った。

スペシャル・メタル社はスーパー・アロイ（超合金）の代表的メーカーであり、航空機エンジン、ガス・タービン、石油掘削機器、潜水艦用のチタン合金を作る技術を持っていた。83年6月末に買収契約が結ばれる前日に、親会社アレゲニー社は「国防総省の反対により買収契約を解消する」との声明を発表した。この背景には最新戦闘機 F-15イーグル、F-16のエンジンに用いられる超合金製造の技術を日本が入手することにペンタゴンが難色を示したことがあった。この技術は正式には軍事機密には指定されていないが、未だに外国に技術輸出されたことはなく、しかも日本とのF-15共同生産協定ではカバーされていない技術であった。

京セラは1975年カリフォルニア州のヴェンチャー・ビジネスで電界効果トランジスター関係の専門技術者3名と一緒に投資をしてデクセル社（資本金66万ドル）を設置した。同社の役員は当初の3名の技術者と京セラの子会社 KII（京セラ・インターナショナル）から1名、京セラから社長の計5名であった。最初は民生用の電界

効果トランジスターを開発しようとしたため、研究開発投資が大きくなり、KII社から株式の形で出資したため、最終的に京セラの持ち株率が83％に達した。技術開発が順調になり、マイクロウェーブ技術に特化したため、軍事用に転用される可能性が出てきた。後にF-15、F-16などの最新戦闘機や宇宙通信用に使われることができるレベルになったという。デクセル社はペンタゴンのASPJ計画に参加して、約30億ドルの予算で4000機の軍用機に電子妨害防止装置(ECCM)を取り付ける契約を得た。この時点で京セラが施設保安許可の審査で問題となった。「軍事用製品の研究開発を契約担当する企業の経営責任者は米国市民に限る」との資格制限が存在し、「機密の高い軍事用製品については、関連して従事する人々は全て米国市民でなければならない」とする厳しい制限もある。そのため83％を出資したKII社は、デクセル社の株式を信託にして、株式議決投票権は施設保安資格を持った米国人関係者をトラスティー(委託信任者)として譲渡したのである。しかしペンタゴンの要求では、今後軍への納入を止めるか、役員を全部米国人にして日本人役員は総退陣させるかであった。ユニタリー・タックス(一元合算課税)の問題まで出てきて、京セラはかなりの安値でデクセル社を大手の電子機器メーカーのグールド社に売却することになった。

　1986年10月23日に富士通がシリコン・バレーの半導体メーカーの代表であったフェアチャイルド社の株式80％を取得することになったと発表した。買収価格は公表されていないが、2億から2億5000万ドルと推定される。フェアチャイルド社はテキサス・インスツルメント社とともに半導体の基礎技術を最初に確立した会

社であった。議会と商務省がこの買収に反対し、ペンタゴンも妨害した。ボールドリッジ商務長官自らが反対の先頭に立ち、「買収は日本による米国半導体産業の支配の第一歩である」と述べたほどであった。国防科学審議会(DSB)半導体特別委員会の委員長でマーチン・マリエッタ社の会長でもあったノーマン・オーガスチンは、ワインバーガー国防長官にこの件で電話をかけている。86年12月に上院軍事委員会の委員であるエクソン議員(民主党、ネブラスカ州選出)(エクソン・フロリオ条項の生みの親)が、レーガン大統領に書簡を送って、もし買収が阻止されない場合には米国の国防生産能力に重大な影響が生じうると警告した。また上院司法委員会反トラスト小委員会委員長のメッツェンバウム議員(民主党、オハイオ州選出)は87年1月に司法省に書簡を送り、フェアチャイルド社はスーパー・コンピューター用の半導体を製造しているので、もし買収が実現すると米国のスーパー・コンピューター・メーカーが打撃を受けるとして、買収に反対した。

　既に、フェアチャイルド社はフランスの石油開発会社であるシュルンベルジェ社に1979年に売られており、そのときには何ら反対しなかったのだから、今回のペンタゴンの反対は理屈が通らない。シュルンベルジュ社は買収後投資を行ったが業績は好転せず、3万人の従業員のうち2万人が解雇されるに至った。86年には売り上げ4億8800万ドルに対して9300万ドルの赤字に悩んでいた。フランスは核兵器を持つ同盟国だから売却してもよくて、日本は高姿勢を示せば尻尾を巻いて逃げるとでも考えていたのだろうか。「日本叩き」の一例だと言われても仕方があるまい。

　ただし、半導体は軍事用だけでなく産業基盤の基礎であるため

に、85年から国防総省の内部研究が軍事用半導体チップスと国家安全保障の関係を研究し始めていた。「エレクトロニクス食物連鎖」(electronic food chain) という用語が議会の公聴会で聞こえていた。DRAM のような半導体を外国に依存することは半導体の安全保障に不安定をもたらしかねないと結論していた。

　87年2月に国防総省が発表した国防科学審議会特別グループの『国防用半導体の依存問題』と題する報告書には、日本と米国の半導体シェアが86年には同レベルの約45％に達する見込みであり、今後は日本メーカーのシェアが米国を追い抜く公算が強いと述べていた。同報告書は国防総省の調達政策は製品レベルで止まっており、サブシステムや部品には適用されていないし、部品レベルにおける外国依存状況に関する体系的なデータが存在しないことを批判している。米国としては、もともと米国企業が苦労して研究開発したトランジスター、半導体などを、日本が安い対価で入手して、お得意の生産技術で世界市場を制覇したと見ている。厳しい人は「日本のやり方は美味しいサクランボを摘む"チェリー・ピッカー"である」と非難している。**表3－2**（次頁）は軍事関連部品における外国製品使用の実態が分かる数少ないデータの1つである。

　86年に米国のハイテク貿易が初めて赤字に転落したが、ハイテクの代表選手である半導体で日米のシェアが入れ替わるのは、まさに米国の競争力低下を象徴するものであった。その半導体の中でも技術革新が急速な DRAM における米国のシェアの落ち込みは顕著であった。1970年には世界のほぼ100％であったものが、86年ではわずか5％であった。同報告書は「代表的な空対空ミサイ

表3-2 AIM-7ミサイル用誘導・制御部品における外国製品使用の例

部品	外国製品使用部分・工程	外国名	ロット数
集積回路	セラミックス・パッケージ	日本	6
集積回路	トランジスター	日本	2
集積回路	ウェハー、フレーム等	日本	3
フェイズ・シフター	フェライト装トランジスター	西ドイツ	1
フェイズ・シフター	フェライト装トランジスター	日本	1
集積回路	組立	日本	1
コネクター	材料	各国	1
ボールベアリング	材料	各国	1
小型回路	パッケージ	日本	1
小型回路	半導体	日本	4
小型回路	ウェハー、フレーム	日本	2
小型回路	組立	日本	4
増幅器	トランジスター等	日本	1
集積回路	パッケージ	日本	3
ベアリング部品	材料	各国	1
ボールベアリング	材料	各国	1
EPROM	組立	タイ	1

(出典:全米科学アカデミー『エレクトロニクス部品の外国生産、及び陸軍システムの脆弱性』1985年)

ルは16の部品を外国に頼っており、供給が止まれば18カ月以内に製造ができなくなる」と警告していた。

　以上でいくつか米国政府が国家安全保障を理由にして日本企業が米国企業を取得ないし買収するのを妨害した事例を示したが、直接法律によって禁止したのではなく、いわば「行政指導」による

妨害であった。日本企業はこれに抵抗せずに、買収を断念したが、強硬に反対して、買収を強行した場合には、法的に禁止できたかどうか疑問が残った。

東芝機械事件ほどマスメディアに取り上げられ、日米関係が悪化した事件はないであろう。しかも、ココムという馴染みのない組織が関係し、ソ連の軍事力の向上に寄与したとして、親会社の東芝が米国議会が成立させた制裁法案により、2年間対米貿易が禁止されるという事態に至った。近視眼的な下院議員が議会の庭で、東芝製のラジカセをハンマーで打ち砕くという下劣なパフォーマンスまで行ったため、日米間の国民感情まで悪化した。

1988年包括通商・競争力法において、外国企業制裁条項（別名東芝制裁条項）が置かれた。第1に、ココム規制に違反してソ連に禁制品を輸出した東芝機械とコングズベルグ・トレーディング社に対して3年間同社製品の米国への輸入を禁止する。第2に、親会社の東芝とコングズベルグ社に対して、3年間同社製品を米国政府の調達から排除するというものである。親会社・関連企業を含む企業グループ（日本の場合には東芝グループ）からの輸入を2〜5年間禁止するとのガーン上院議員の提案は削られた。

第3節　直接投資：エクソン・フロリオ条項の危険性

ついに国家安全保障に基づく直接投資規制を米国政府は設けるに至った。具体的な法律としては、1988年包括貿易・競争力法の第5021条であるエクソン・フロリオ条項である。米国は直接投資

に関しては自由主義を貫いてきただけに、これらの立法は注目に値する。自由主義経済の旗手である米国でも外国による直接投資は完全に自由ではなく、様々な規制が存在する。例えば、原子エネルギー法は外国企業が原子力発電所を所有することを禁じており、航海法は遠洋・近海航海企業を外国企業が所有することを制限し、連邦通信法はラジオ・テレヴィ放送の外国人所有株式を20％以下に制限し、連邦航空法は航空会社の外国人所有を制限している。国家安全保障のための投資規制は国際的に認められているが、米国のエクソン・フロリオ条項には以下で述べるように問題が多い。

1988年包括通商・競争力法の5021条であるエクソン・フロリオ条項は、国防関連企業の合併 (merger)、買収 (acquisition)、経営支配権取得 (takeover) が国家安全保障を損なうと判断された場合、大統領はその取引きを中止または禁止することができるというものであった。決定に際して考慮されるのは、1) 今後予想される国防計画に必要とされる国防生産、2) 国防計画に沿った国内産業の能力、3) 外国人による国家安全保障に関わる国内産業及び商業活動の支配、の３点である。しかしながら、同条項では「米国の防衛産業の基盤に不可欠の製品または基幹技術」に対して適用されるとのみ規定され、何が米国の国家安全保障であるかという定義がなく、立法当初から広義に解釈することが予定されていた。実際上は個々の事例から徐々に「国家安全保障」が明確になっていくと思われる。1989年９月12日に締め切られた民間からの意見書では、国家安全保障の定義がなされていないため、どんな企業買収も適用対象になりかねないとの反対意見が圧倒的であった。提出

された11件の意見書のうち、国防基盤を守る必要を認め、エクソン・フロリオ条項を支持し、実施規則についてもむしろ強化すべきだとの意見は2件だけで、残り9件は批判的であった。このように法理論的には問題が多い立法であった。

このような立法が必要とされた理由は、対米直接投資の進展と米国の国際競争力の低下である。米国の対外直接投資は1986年を頂点にして下降しているが、外国からの対米直接投資は1986年から急カーブで上昇している。

外国からの米国への直接投資の1988年のデータだけを取り出してみると、ECが1940億ドルで59％を占めて第1位、日本が540億ドルで16％を占め第2位、カナダが270億ドルで8％の第3位、その他諸国が260億ドルで8％の第4位、スイスが160億ドルの5％、OPEC諸国は60億ドルで2％のシェアであった。

このように対米直接投資は増加する傾向にあるが、巨大な米国市場におけるそのシェアは以下のようにそれほど大きくはない。GNPの約4％、総生産高の11％、労働者雇用の3.6％、製造業部門の雇用7.3％を占めているに過ぎない。このため対米直接投資が問題となるのは後述するように、米国の国家安全保障と絡むハイテク部門なのである。

レーガン大統領は1988年12月27日の大統領命令第12661号により、エクソン・フロリオ条項を実施する権限を省庁間機関である「対米外国投資委員会」(CFIUS : Committee on Foreign Investment in the United States)に与えた。CFIUSは財務長官を議長とし、国防長官、国務長官、商務長官、司法長官、通商代表(USTR)、経済諮問委員会委員長、行政管理予算局長によって構成されている。実際の

調査は財務省の国際投資局 (Office of International Investment) が担当する。CFIUS が外国企業による米国企業の買収案件の届け出を受け付けてから、30日以内に本調査が必要か否かを判断し、45日以内に完了することが定められている。本調査は最長45日であり、その勧告を受けた後15日以内に大統領が最終決定を下す。一番長い場合でも90日で決定が下されるわけであるが、この日数で十分な調査ができるのか疑問が残る。エクソン・フロリオ条項には、提出された情報または裏付け資料の機密保守が定められているため、一次資料が入手できず、新聞や雑誌の報道に基づいて分析するしか方法はない。

同条項が1988年8月に成立してから91年8月までに、「対米外国投資委員会」は外国による米国企業の買収案件を約600件審査し、そのうち12件について本格調査を行った。この中で4件は買収企業が「自主的に」買収を断念し、ブッシュ大統領が買収の中止を命じた(1990年2月2日)のは1件だけである。1989年11月30日に中国航空技術輸出入公司 (CATIC) が米国空軍と契約関係を持つ航空部品メーカーであるマムコ・マニファクチュアリング (MAMCO) を買収することで合意した。CFIUS が審査を行い、大統領に対して、この買収を破棄するように勧告した。その理由は、MAMCO 社の部品納入先が米国最大の航空機メーカーであるボーイング社1社であるため国家安全保障上問題があること、同社が空中給油の技術を保有していたために、中国空軍が空中給油技術を入手すると、その能力を向上させるために米国の国家安全保障に反すると判断したらしい。

CFIUS の非公式の国家安全保障「実例リスト」には、米国軍隊の

戦闘準備体制、国防総省による機器調達、最新技術、及び国防関連技術開発に与える影響などが含まれていた。いずれにせよ直接投資、特に先端技術分野に対する直接投資は、米国の国防産業と密接に結び付いた企業への外国資本の流入問題となる。国防総省は軍事関連情報の外国への流出を心配し、有事などの国家緊急事態における生産の保障の点からも、外国企業の米国ハイテク企業買収に反対している。

　エクソン・フロリオ条項は1990年10月で失効したため、ブッシュ大統領は大統領命令により湾岸戦争を何とかしのいだ。1991年2月26日に下院銀行委員会は49対0で、エクソン・フロリオ条項を恒久化する条項を含む国防生産法の短期延長法案(91年9月31日まで)を可決した。下院本会議は同法案(H.R.991)を416対0で可決したが、上院側は2月21日に国防生産法の延長法案を可決したものの、日本の金融業界が米国の金融投資を差別していると反発し、日本への米国金融投資を制限する条項をつけ加えた。この「金融報復条項」にブッシュ政権は強く反対しており、この条項を含む法案が成立しても拒否権の発動が予想されていた。このため上院案と下院案との調整に日数がかかった。ようやく8月1日になって上院側が日本を狙い打ちにした「金融報復条項」を同法案から落とすことに同意したため、8月2日に上下両院が揃って本会議でエクソン・フロリオ条項を復活させ、恒久化する法案を含む国防生産法の延長法案を可決した。特に重要なことは、エクソン・フロリオ条項がもはや時限立法である国防生産法とは関係なく、恒久法となるように修正されたことである。ブッシュ大統領は8月17日この法案に署名し、同条項は恒久法として復活した。

エクソン・フロリオ条項は「制定日以後に提案され、または懸案になっている、外国人による、または外国人とともに行われる合併、買収、及び経営支配権取得であって、米国における州際通商に従事する者に対して、外国の支配を及ぼす結果となりうるもの……」に対して適用される。この適用もまた拡大解釈される危険が十分ある。第1に、「支配 (control)」は、取引きの形式よりも実体に重点を置いた機能的定義がなされている。そのため、株式の取引きだけでなく、外国人による米国企業支配の結果を生じる恐れのある資産購入、ジョイント・ベンチャーまたは委任状勧誘に対しても適用される。第2に、支配に関する取り決めが買収時に予定されたか否かにかかわらず、外国人がある米国企業を現実に支配すれば、提案中の取引きであれ完了した取引きであれ、含まれてしまう。第3に、「外国人 (foreign person)」の定義も幅広くなされている。外国会社の米国子会社も、それが米国企業を買収しようとすれば、この規則に基づいて外国人と見なされる。このような広範囲かつ曖昧な規定しか下されていない上に、米国企業あるいは国防総省が当該取引きが国家安全保障に関わるという理由で、自己防衛手段としてエクソン・フロリオ条項を利用することが十分予想されたのである。同条項をいつ誰がどのような方法で通知をすべきなのか明記がないため、通知はCFIUS宛の書面で十分であると思われる。このような厳密でない手続きで同条項の調査が開始されるのでは、ますます通商戦略として濫用される危険性がある。

　CFIUSへの取引きの当事者からの通知には以下の具体的な情報が含まれると定められている。即ち、当該取引及びその当事者、

買収される資産(投資買収の場合)、当該外国当事者の事業、被買収会社の秘密扱いとされる契約またはその他の防衛関連の契約のそれぞれを記載したリスト、買収しようとしている会社の計画及び意図、被買収会社によって輸出される商品及び技術データの分類、被買収会社の製造にかかる防衛関連の物品または役務、ならびにその他当該取引きに関する規制による届出事項である。

　日本企業では徳山曹達、東邦チタニウム、ファナック、日本酸素、住友などの買収案件が本調査に掛かり、買収断念あるいは大幅な計画変更を余儀なくさせられている。大統領命令で買収が阻止されなくとも、同条項に基づく調査が実施されるだけで、外国企業の買収は大いに阻害される。この意味でエクソン・フロリオ条項は日米間の通商摩擦の有力な武器となりうる。いずれにせよ直接投資、特に先端技術分野に対する直接投資は、米国の国防産業と密接に結び付いた企業への外国資本の流入問題となる。国防総省は軍事関連情報の外国への流出を心配し、有事などの国家緊急事態における生産の保障の点からも、外国企業の米国ハイテク企業買収に反対している。

　以下では著者が調べた範囲で日本企業の事例を述べていこう。1989年1月には徳山曹達がゼネラル・セラミックス社を全株式約330万株を1株当たり18ドル、総額約5900万ドルで買収する契約を結んだ。徳山曹達は当初、半導体基盤材料の窒化アルミ技術を生かして、GC社の一部門だけを買収しようとしたが、GC社が全体を買収してくれと申し入れてきたため変更した。しかし、GC社がテネシー州オークリッジにある核兵器工場に核燃料収納用の耐熱・高強度のセラミックス容器を納入していたため、同工場を

所管していたエネルギー省が徳山曹達への身売り計画はエクソン・フロリオ条項に抵触するとして反対した。軍事部門は売り上げの7～8％に過ぎないが、切り離して売却可能であるか否かが問題となった。財務省、商務省、USTR などで構成する「対米外国投資委員会」(CIFUS) は、同条項を発動して買収を阻止することはせず、企業側の「自主的な判断」で買収計画の撤回をさせた。徳山曹達は4月17日一旦買収計画を取り下げ、軍事部門を外した形で再申請することを決定した。5月31日に軍事部門を切り離して GS 社を買収する契約をした。この事例の教訓は、たとえ友好的買収であっても、CFIUS に通知した上で協力する方が有利であるということであろう。

　1989年11月にはニコンがコネチカット州ノーフォークにある大手計測器メーカーのパーキン・エルマー社の半導体製造装置部門を買収する計画があると報じられた。パーキン・エルマー社はステッパー装置の技術で有名であり、1979年には世界の半導体製造装置の売上高で2位を占めていた。ところが技術改良に遅れを取ったために、ユーザーのIBMが同社と協力して1億ドル以上の投資をしたが財政的に失敗した。このためついにマグドネル会長は1989年4月、半導体製造装置部門を売却する計画を発表したのであった。11月22日、民主党下院院内総務ゲッパート議員と下院銀行委員会経済安定化小委員会のオーカー議員は、連名でブレディ財務長官に書簡を送り次のように述べた。1)外国企業がパーキン・エルマー社の半導体製造装置部門を取得すれば、米国の国家安全保障とエレクトロニクス産業の競争力を損なう恐れがある。また同社が半導体製造装置部門を手放すことは、セマテック

の使命を直接脅かすものである。2)もし外国企業による買収の可能性が生じた場合には、対米外国投資委員会(CIFUS)が米国の国家安全保障が損なわれないかどうか調査すべきである。11月29日の上院軍事委員会の国防・技術小委員会(ビンガマン委員長)での公聴会で、政府高官がエクソン・フロリオ条項に基づく調査を実施すると示唆した。この買収が実現すれば、米国は将来のコンピューター・チップスの製造設備をほぼ全面的に日本に依存することになると見た反対論であった。結局、1990年5月15日、サンノゼに本社を置く半導体製造装置メーカーである Silicon Valley Group がステッパー技術を保有する Optical Lithography Group の株式の67％を取得し、IBM とパーキン・エルマー社が資本参加し、外国企業に買収されることは避け得たのであった。新しい会社は Silicon Valley Group Lithography System と呼ばれ、シリコンバレー・グループは買収に際し2820万ドルを支払い、必要ならば今後7年間に2320万ドルの追加投資をすることを約束したと伝えられる。

この他にも東邦チタニウムや日本酸素がエクソン・フロリオ条項の調査に引っかかったと報道された。米国議会の議事録には、日本の NC 装置の大手メーカーであるファナック社の事例が論じられていた。1990年9月に同社は工作機械メーカー Moore Special Tool Co. の株40％を取得することに成功した。ムーア社は核兵器を製作するに必要な超高精度なグラインド機械のメーカーであったため、エクソン・フロリオ条項による調査が実施された模様である。ファナック社は91年2月にムーア社の株式取得を断念した。

日本とのコンピューター競争に危機感を抱いて、1987年に米国

は極めて異例の官民共同プロジェクトによる次世代半導体開発に乗り出した。これが有名なセマテック(SEMATECH)であり、国防総省の国防高等研究計画局(DARPA)が50％、14の民間企業が50％の出資をし、6年間で総額15億ドルに達するプロジェクトである。

　セマテックの当初の目的は、92年までの5年間に半導体製造に関し、0.35ミクロンの製造技術を、外国の競争相手よりも6～18カ月早く開発することにあった。参加メンバーはIBM、AT＆T、DEC、モトローラを含む半導体メーカー14社と、セミ・セマテック(Semi/Sematech)と称する半導体製造装置・素材メーカーの組合である。IBMとAT＆Tはセマテックを重視し、4メガDRAM、64キロ SRAM(記憶させた順序に関係なく検索できる記憶装置)の技術をセマテックに提供することを決めた。セマテックは3つの目標、1)半導体製造装置及び素材メーカーの強化、2)半導体メーカー自身の製造技術の改良、3)製造技術基盤の強化、を掲げたが、資金、人材の不足で軌道修正を余儀なくされている。

　しかも、この1987年から90年10月までに35件の米国半導体企業が外国に買収され、そのうち18件が日本企業による買収であった。米国国内における半導体市場に占める米国のシェアは、1970年の89％から87年の64％へと低下した。

　議会の公聴会では「エレクトロニクス食物連鎖」(electronic food chain)という極めて面白い象徴的な言葉が出てきた。上院商業委員会科学・技術・宇宙小委員会の委員長であり、クリントン政権の副大統領であったゴア委員長(Albert Gore, Jr.、テネシー州選出)の発言である。この「エレクトロニクス食物連鎖」の中で、以下のM＆A(合併・買収)が CFIUS の検討を加えられた。まずチップでは

Advanced Micro Devices が買収され、シリコンウエハーではモンサント社が、素材と製造機器では Materials Research Corporation, フォトマスクではテキサス・インスツルメント社、キャパシターでは AVX Coorporation が、超純度シリコンではユニオン・カーバイト社が、そしてガス部門ではセミ・ガス社が買収された。

このような事例を列挙すると米国議会の憂慮も理解できよう。しかもエレクトロニクスとコンピューターは軍事にも民生用にも多用される汎用技術である。最近では民用技術の方が軍事技術よりも数年も進んでいる事例が出ている。他方で、米国のエレクトロニクスとオプティックス企業の競争力低下が甚だしく、西欧諸国と日本企業は政府の補助を受けて米国市場を荒し回っているとのイメージが米国議会に強い。しかも兵器に占めるエレクトロニクスの比率は高まるばかりである。例えば、新型戦闘機では50％、新型宇宙システムでは60％、精密誘導兵器では85％にのぼる。即ち、議会が憂慮しているのは、半導体、オプティックス産業が先端技術産業であるが故に、国防の基盤が侵食されているとの危機感からなのである。そこで外国企業によるハイテク企業のM＆Aを阻止するために、エクソン・フロリオ条項が利用されている。

超純度複合シリコンを生産するユニオン・カーバイト社を小松電子金属社が買収しようとした事例では、CFIUSは1990年3月と4月に検討したが、調査はしなかった。商務省は小松が買収したUCC＆Pが米国に存続するかどうか、更に同社の生産設備が閉鎖されるか海外に移転するのではないかと懸念した。小松の買収を阻止するための理由として、カルテル行為が問題視された。1988年10月にUCC＆Pは小松と他の6社が1983年から買い手カルテル

を形成し、世界市場から日本以外の競争相手を排除するために世界市場価格を操作してきたことで起訴していた。司法省、商務省、通商代表部（USTR）はこのことを知っていた。実際に、1989年8月にUCC＆Pの代表が国際貿易担当商務次官に会い、1）いかにこの通産省に支援された「研究グループ」が、米国の通商にとって不利になるように日本企業を変革したか、2）この問題を日米構造協議 (the Structural Impediments Initiative Talks) で取り上げる可能性について協議した。小松のUCC＆Pの買収条件には、この訴訟を取り下げることが含まれていた。

　1990年4月3日、**CFIUS** は次官補レベルの会合を開き、調査を開始するかどうかを議論した。他の省庁は国防総省がこの買収の国家安全保障の側面で問題があると主張するものと思っていた。国防総省の3つの部門が討論ペーパーで、いくつかの疑問の答えを得るために調査が必要だとしていたために、出席していた国防総省と商務省のスタッフは、国防次官補が調査を要求すると当然ながら思いこんでいた。ところが国防次官補は小松の買収にあまり関心を示さなかった。超純度複合シリコンが国家安全保障にとって必要であることと国防総省が必要とする量が継続的に確保される必要は認めた。しかし、彼にとっての選択とは、超純度複合シリコンの生産をUCC＆Pが停止するか、あるいは小松が同社を買収し生産を継続するかの二者択一であった。選択すべきは後者であるとの主張がなされた。未来技術としての超純度複合シリコンの重要性と小松のカルテル行為は、この会議では議論されなかった。

　半導体生産に不可欠な超純度複合シリコンは、ミサイル誘導シ

ステム、赤外線センサー、潜水艦の電気推進システム、更にSDIに利用されると国防総省は見ていた。しかし、同省は生産設備は米国内に存続するし、小松がUCC＆Pを閉鎖する可能性がないと判断した。国防総省は更に、もしも小松が米国内の生産施設を閉鎖しても、日米間の1983年相互防衛援助協定によって、米国政府が日本政府に要請して、小松に米国の軍事需要に応じて供給させることが可能だと述べた。このため商務省は30日間の調査終了時にそれ以上の行動を取らないことに同意した。国防総省が国防生産法によって超純度複合シリコンの供給が守られると発言した以上、CFIUSの調査過程の中心要素に関し疑問を提示することはできず、同社の買収を認めた。

　エクソン・フロリオ条項の発動条件は次の２つである。1)「当該外国人(当事者)が国家安全保障を害する虞のある措置を取る可能性があると信じるべき確かな証拠があり」、かつ2)エクソン・フロリオ条項及び国際的緊急事態経済権限法以外の既存の法律によっては「国家安全保障を維持するための十分にして適切な権限が付与されていない」と判断した場合である。UCC & Pの場合にはCFIUSのレベルで、国防総省の代表が国防生産法で必要量を確保できると発言したので、エクソン・フロリオ条項の発動が不可能になったと言えよう。

　日本酸素は特殊ガスのセミガス・システム社を買収するのに、合意から１年近くかかった。日本酸素の子会社であるニュージャージー州にあるマセソン・ガス社がハーキュリーズ社の子会社であるセミ・ガス社を買収しようとし、1990年４月24日にCFIUSに届け出た。日本酸素の主力製品は産業用ガスであり、半

導体産業と医療産業に供給している。その他には産業用ガスの工場と機械の建設、溶接機器の製造、最近家庭に見かけられる割れない魔法瓶である真空ボトル、レジャー用品なども生産している。集積回路(IC)を生産する過程はガスを使用する化学過程でもある。半導体の集積度が高まり、歩留まりが問題となるために、ガスもまた高い純度が要求される。セミ・ガス社は製造過程で必要とされる直前に純度を高める「精密」システムを売りものとしていた。日本酸素は純粋なガスを供給し、製造過程を通して純粋のままに維持する「超清浄」システムを供給していた。「超清浄」システムの立ち上げ費用は「精密」システムよりもかかるが、半導体の歩留まり率は良かった。いずれにせよ、この２つのシステムは相互補完的な関係にあった。

　セミ・ガス社の製品は秘密規定に載るものではなく、政府との秘密契約も結んでいなかった。セミ・ガス社は５人からなる技術チームをセマテックに派遣し、ガス管理技術を教えていた。そのためセマテックはセミ・ガス社の日本酸素による買収は米国の競争力にとって計り知れない損害だとして、買収反対の立場に立ちエクソン・フロリオ条項に基づくCFIUSの調査を要求した。議会の公聴会ではセミ・ガス社の売却を阻止しようとして、議員からは、国防総省が技術面における評価を加えたのか、ホワイトハウスの科学技術顧問が反対の意見を CFIUS に表明したのではないか、などの意見が出た。

　CFIUS は国防総省の国防高等研究計画局 (DARPA)、商務省の国家標準技術局 (NIST)、ホワイト・ハウスの科学技術政策局 (OSTP) から専門的意見を聴取した。更に、セミ・ガス社のガス・システ

ムを利用しているローレンス・リヴァモア研究所とも連絡を取った。しかしながら、議会が批判したようにセミ・ガス社自体を訪問し、調査することはしなかった。

　セミ・ガス社がセマテックに参加して、ガスの純度を10倍に高める能力をつけ日本企業と比べて少なくとも2年は進んでいる、との議会証言があった。更に、ハーキュリーズ社が同社を買収したときには500万ドルから700万ドルの間であったが、日本酸素は2300万ドルをオファーしたという。この差額は同社がセマテックに参加したことよる価値上昇であるという。それならば、何故日本企業に身売りしなければならないのだろうか。

　1990年7月27日、ブッシュ大統領はCFIUSの調査報告に基づき、日本酸素によるセミ・ガス社の買収に関してエクソン・フロリオ条項を発動しないと発表した。このようにエクソン・フロリオ条項に基づく買収阻止が失敗したため、最後の手段は独占禁止法に訴えることであった。セマテック社長のロバート・ノイスは1990年3月18日付のリル司法次官補（反トラスト局長）宛の書簡で、日本酸素がセミ・ガス社を買収すると司法省の合併基準に違反すると述べた。データクウェスト社の調査データによれば、半導体製造に使用されているガスの占有率は、日本酸素が23.2％、セミ・ガスが20.2％、フランスのレール・リキッドが13.2％、エアー・プロダクツが11.4％、BOC が7.7％、その他で24.3％であった。もし、日本酸素がセミ・ガスを買収するとその市場占有率は43.3％となり、市場集中度を測定するハーフィンダール・ハーシュマン指数も2300となり、その増加も937となり司法省のガイドラインを突破してしまう。司法省は1990年12月28日、日本酸素による

セミ・ガス社の買収は独占禁止法に違反するとして、地方裁判所に提訴する意向を明らかにした。司法省の提訴を受けて、ペンシルヴァニア東地区連邦裁判所は審査を行った。1991年3月26日、競争減殺についての証明が不十分であるとして、司法省による買収差し止め請求は棄却された。司法省はその後本件を控訴しない決定を下し、日本酸素ら関係者に伝達し、買収問題は最終的に決着した。このようにエクソン・フロリオ条項だけでなく、反トラスト法まで持ち出して、議会と行政府はセミ・ガス社の買収を阻止しようとした。

日米間では既に半導体の国際分業が行われている。汎用性のDRAMは日本と韓国、一番単価の高いMPUは米国のほぼ独占状態である。ウインドウズの載るパソコンはどのメーカーでも、インテル社のMPUを使っている。米国はこの事実を直視する勇気を持つべきであろう。他方、日本は米国のハイテク産業を買収する際には、米国人の誇りを傷つけないようにすること、また国防関連のM＆Aにはエクソン・フロリオ条項が絡むことを認識すべきである。

日本企業以外のエクソン・フロリオ条項の適用を見ておこう。1988年11月、モンサント社は、西独化学製品メーカーであるベーバAGの小会社であるフェルス(Heuls)AGにモンサント・エレクトロニクス・マテリアルズ(Electronics Materials Company)を売り渡すことを発表した。モンサント社は米国唯一のシリコン・ウエハー生産業者であり、シリコン・ウエハーは半導体の原料である。CFIUSの調査は商務省と国防総省の要請により開始された。両省が懸念したのは、モンサント社が買収されると米国の半導体生産

に不可欠なシリコン・ウエハーが入手しにくくなることと、その結果次世代の電子シリコン物資を開発する能力を失うのではないかという点であった。しかし、フェルス社会長からのブレディ財務長官宛の書簡によりこれらの懸念は軽減された。少なくとも以下の4つの約束をしたと伝えられる。1)買収した企業は「米国企業」として経営する。2)同社の研究製造施設は米国内に維持する。3)フェルス社は2～3年にわたり同社の研究生産のために5000万ドルを投資する。4)フェルス社の所有になっても同社は特定の重要技術を少なくとも5年間技術移転しない。そのためフロリオ下院議員を先頭とする多くの議員がこの買収に反対したにもかかわらず、ブッシュ大統領は1989年2月23日に買収の許可を出した。

　1992年4月12日の『朝日新聞』の記事によれば、米大手鉄鋼メーカーのLTV(本社テキサス州ダラス)のミサイル製造部門を、フランス企業トムソン CSF が買収することが4月10日、競争入札で決まった。トムソンCSFはフランスの国営エレクトロニクス企業トムソンの小会社で、米証券会社カーライルと組んで、LTVの航空機・ミサイル部門を総額約4億5000万ドルで買収したいと提案していた。ロッキード、マーティン・マリエッタの両社が連合して、同部門を総額4億ドル弱で買収することで一旦合意していたが、競争入札となった。ニューヨークの連邦破産裁判所が LTV 株主などの意見を基に両案を検討した結果、トムソン側が買収することが決まった。トムソンCSFは米陸軍用戦術ミサイル製造部門を手に入れ、カーライルは B2爆撃機の胴体などを生産している航空機部門を保有することになるが、入札に敗れた米企業側はいく

ら友好国といっても、国家安全保障上極めて重要な部門を外国企業に売り渡してはまずいと非難している。米国議会も当然ながらエクソン・フロリオ条項を援用して、この買収を阻止しようとの動きが出るものと思われる。

　エクソン・フロリオ条項ほど政治的立法でかつ国家安全保障と経済を絡ませた法律は少ないが、それ以外にも直接投資を規制する傾向が存在する。例えば、1989年には企業買収の内容を米国政府に登録させるブライアント法案(外国投資公開法案)が提出された。1988年包括貿易法の中から最終段階で削除されたブライアント条項が多少の修正を加えられ単独法案として提出された。88年10月5日に下院で250対170で可決され、上院へ送られたが、上院では未審議のまま放置され第100議会では廃案となったものであった。ブライアント法案で要求されている報告事項は、1)米国資産を取得する外国人の母国において公開されている財務情報も含めた各種の情報、2)取得資産の価格と取得規模などであり、商務省に対して報告することになっている。更に、支配的権益を取得すると定義される場合には、3)取得する米企業の貸借対照表、売り上げ、資産、財務状況、減価償却、役員などの国籍などが追加される。この情報を入手できる者は、1)会計監査院を含む政府関係者、2)議会の委員会、3)各州政府機関、4)適切と認められた研究者、に限定されている。

第4節　最後の切り札：国防条項

　最近の事例では1992年11月10日に京セラが国防条項で提訴され

た。米国企業が日本企業を訴えるときには、301条、関税法337条、反ダンピング法などがお馴染みである。京セラの場合は通商拡大法の国家安全保障条項であった。国家安全保障条項とは米国に輸入される製品によって国家の安全が脅かされるときには、商務長官の認定を経て大統領が輸入制限措置を取れるということを定めている。この条項の発動に当たっては、申し出人は当該輸入によって国内産業に損害が発生していることを証明する必要がなく、輸入によって国家安全保障が脅かされていること、ないしはその恐れがあることで十分である。

国防条項では外国製品の輸入によって米国の国家安全保障に対する脅威が生ずるか否かの判断基準をあげている。第1に将来の国家防衛に必要なだけの国内生産能力を確保できるかどうか、第2は防衛に必要な人的資源、原料、及び他の必要物資の入手可能性である。第3はそのような必要物資を生産する産業の成長を支える条件があるか否かである。第4は国家防衛のために必要な物資の輸入可能性である。第5は国家安全保障と国民の福祉との関係である。抽象的には上記の条件を考慮すればよいのであろうが、必要物資が入手できるかどうかは、以下の2点のシナリオ次第である。まず1)国家緊急時にある物資の軍事用の需要を満たすだけでよいのか、それとも民間用の需要をも満たす必要を考えるのか。2)外国からの供給の信頼性をどう評価するのか。信頼性も地理的なものと政治的なものがありうる。この判断は商務省と大統領に大幅な裁量権が認められている。

最初に1954年通商協定延長法に盛り込まれたときは、石油、錫、鉛などの工業用鉱物資源が対象であった。その後62年通商拡大法

232条として確立された。1988年包括通商・競争力法第1501条により国防条項が改正された。商務長官は米国政府の他の部局の措置請求、利害関係者の申し立て、または職権によって調査を開始し、外国からの輸入が米国の国家安全保障を害するかどうかについて決定をする。調査期間は調査開始後270日間であり、商務長官はこの期間内に調査し、その結果を大統領に報告しなければならない。従来1年であったものが、270日に短縮されたのである。

　京セラの場合には、訴えたのがクワーズ・エレクトロニクス・パッケージ社とセラミック・プロセス・システム社の2社で、「半導体の基板に使われている京セラなどの日本製セラミックスが米国市場をほぼ独占し、軍事用でも90％以上を占めている。このような外国製への極度の依存は外国に軍事面での影響力を握られ、国家の安全を脅かしている」として提訴したものである。巡航ミサイルのトマホーク、トライデント型原子力潜水艦などハイテク兵器の半導体にセラミックスが使われ、この軍事用半導体に京セラ製のセラミックスが80％以上使われていた。提訴状によれば、1987年に京セラが軍事用半導体に使われていたセラミックスの供給を一方的に打ち切ったために、代替品の確保で混乱したことを例にとって、日本に依存することが国家安全保障上望ましくないとしている。しかも、経済安全保障を重視するクリントン大統領の当選を待って提訴されたものである。セラミックス基板も元来米国で開発されたが、日本メーカーが品質を向上させ、現在では京セラが米国市場の70％近くを占めている。11月19日には商務省が調査を開始した。しかしながら、京セラの輸出を国防条項で阻止すれば、一番困るのがユーザーである。米国メーカーが京セラ

と同じ品質で同程度の価格で、納期を守って軍部に納入できるとは著者には思えないのである。93年8月18日になって商務省は提訴を事実上却下した。商務省は「輸入の数量や国内産業の状況は安全保障上の脅威とは認められない」として、輸入規制などの措置を取らないことを決定した。その代わりに研究開発面などで国内産業育成のための対策を取るよう大統領に進言した。ただし、国内産業の動向を1年後に見直し、必要ならば再調査するとしていた。

　また、93年4月には日本の電機メーカーであるナカミチが米コンピューター部品メーカーを買収した件で、商務省が「買収は国防上の問題を含んでおり、米国政府の承認にミスがあった」とする財務省宛の秘密メモを作成し、財務省と国防総省が調査を開始した。1月19日にこの買収は承認されたのだが、その後に買収されたアプライド・マグネティックス社の光学機器部門がパトリオット・ミサイルにも使用されているコンピューター用レーザーディスク駆動装置を生産する唯一の米国企業であったことが指摘され、事件になったものである。

　国防条項が実際に発動されたのは、石油しかない。しかし、この条項に基づいて、毛織物、毛織手袋、トランジスターラジオ、全繊維製品、フェロマンガン、水力タービン、タングステン合金、ベアリング、時計ムーヴメント、プラスティック射出器などについて調査が行われた。これらはいずれも却下されたが、このように多様な品目が国防条項を利用しようとしていることが重要である。一般市民からすれば、なぜ毛織物や毛織手袋が国家安全保障を理由に輸入規制を求められたか理解できない。米国業界の主張

によれば、輸入品によって国内産業が壊滅したら、有事の際に米軍兵士が困るというのである。このような主張が認められたならば、あらゆる産業、品目が国家安全保障と関係してくる。いかに第2次世界大戦後の米国が「国家安全保障国家」になったといえども、70年代まではこのような主張を商務省も認めなかった。80年代後半からはどの政権もなり振り構わず、国防条項を振りかざして、自国産業の保護に乗り出している。

次にあげる工作機械の事例は極めて示唆に富み、詳細な分析に値するが、ここでは紙幅の関係で簡単な記述にとどめる。

1987年1月から、5年間にわたって、日本側が主要工作機械のマシニング・センター、数値制御(NC)旋盤、数値制御抜き板せん断機など合計6機種を対象に自主規制をしている。対米輸出の伸びが著しかったコンピューターを組み込んだマシニング・センターなど3種類は85年実績に比べ平均20パーセント削減することとなった。

対米輸出自主規制は、1986年5月20日、レーガン大統領が声明を発表し、日本、台湾、西ドイツ、スイスの4カ国に対し米国内工作機械産業の救済を理由として、1962年通商拡大法232条(国家安全保障を理由とした輸入規制措置)の発動と引き換えに要求したものであった。これに対し、日本側は米政府の意向を全面的に受け入れ、米業界の再活性化に協力する目的で自主規制実施に踏み切った。西ドイツとスイスは米国の要求を拒否した。

1983年3月14日に米国機械工業会(NMTBA)は商務省に対して、日本製工作機械に関し、1962年通商拡大法232条に基づく調査を要求した。

何回も報告書は書き直され、商務省は1986年1月に大統領に国防条項に関する報告書を提出した。今回も救済を勧告する内容であり、7種類の工作機械の輸入制限を求めていた。これに対して、国家安全保障会議(NSC)、国務省、行政管理予算局(OMB)、大統領経済諮問委員会(CEA)が反対した。他方、国防総省と統合参謀本部は賛成した。このように意見が鋭く対立したため、国家安全保障担当特別補佐官は、大統領欠席のまま閣僚レベルでこの問題を討議するという異例の手段を取った。これはあらゆる角度からこの問題を討議するための手段であったが、NSCと商務省の意見は対立したままであった。このため大統領が出席した閣僚会議が開かれた。しかし、NSCは次のように発言し商務省に反対した。米国は工作機械に関して信頼できる同盟国に依存しており、工作機械の各カテゴリーを見ていくとそれらの輸入は、米国の工作機械の必要量に対して非常に小さな割合でしかない。商務省自身の調査によっても、米国の工作機械の生産能力は戦時には3倍になると推定されていた。

　工作機械産業に対する救済に反対するものと見られていたレーガン大統領は、86年5月に中曽根首相との会談から帰国すると、商務省の勧告していた7種類の工作機械の輸出自主規制を、日本、西独、台湾、スイスに求める決定を下したのであった。

　NMTBA の国防条項提訴は難航した。1つには国家安全保障という重大な性格を持っていたこと、またそこから生じた官僚政治の争点となったためであった。しかし、他方では米国の工作機械産業が保護貿易主義による救済を得るために必要な政治的影響力を欠いていたとも解釈できる。米国工作機械産業は1980

年5月のピーク時で11万人、82年12月の不況期には6万8600人の雇用しかない小さな産業であった。自動車や鉄鋼産業とは異なり、たとえ失業率が増えても社会問題にまで発展する可能性はなかた。それ故、工作機械メーカーが立地している地域の選出議員を除くと、議会で工作機械産業の利益を代表する人はいなかった。

ある意味ではレーガン大統領によって棚上げにされていた工作機械問題が、大統領決定という形で劇的に取り上げられたのは、米国内の政治力学がその原因であったと言えよう。1985年12月に民主党が税制改革法案(投資減税の廃止を含む)を提出したが、この内容に共和党は反対であったがレーガン大統領は賛成であった。他方、共和党は通商拡大法232条の改正案(大統領権限の縮小が狙い)を議会に提出していた。これには、レーガン大統領は当然反対していた。税制改革案には投資税額控除の優遇制度が削除されており、製造業はもとより工作機械業界、そして共和党の多くの議員が反対していた。しかし、財政赤字削減という政治責任を負ったレーガン大統領にとっては、税制改革法案の成立が何よりも優先していた。このような政治的動機を背景にして、レーガン大統領は税制改革法案に賛成してくれるならば、国防条項問題を再検討すると共和党議員に約束したのであった。

いわば、大統領と選挙区に工作機械メーカーを持つ共和党議員との政治的駆け引きの産物として、国防条項提訴が利用されたのであった。

かくして86年5月に、レーガン大統領は、NC 工作機械の輸入が国家安全保障を脅かしているとの発見を欠いたままで、日本、

西独、台湾、スイスの4カ国に対米輸出自主規制を求めた。西独とスイスは、国家安全保障の名の下に保護貿易主義政策を取ることに反対した。西独はEECを経由して交渉する必要性をあげて反対した。スイスは輸出自主規制を実施するための法律がないことを理由に米国の要請を拒否した。しかし、日本は86年8月、9月、10月（東京とワシントン）と4回にわたる政府間工作機械協議会を通じて交渉し、結局86年11月に対米輸出自主規制の仮調印を行った。

1986年の中間選挙を控えた米国議会内には、レーガン政権は対外通商交渉で具体的な成果を上げていないことを不満として、保護貿易主義法案を一挙に成立させようとする動きがあった。レーガン大統領のこの声明は、議会で加速していた包括貿易法案に代表される保護貿易主義を和らげるために出されたと言えよう。

過去に紛争の争点になったカラーテレビや自動車では、米国国内市場における日本製品のシェアーが20％に達すると、米国側が何らかの措置を日本側に求めてきた。ところが工作機械の場合には、1985年にはNC機械全体で58％、NC旋盤で65％、マシニング・センターで71％に達していた。この数字を80年の25％、40％、30％と比較すれば、その急激な伸びに驚かざるを得ない。いわば政治問題化する暇もないうちに、日本製NC工作機械は米国産業の重要な供給源として組み込まれてしまったのである。

図3－1（次頁）が示しているように、米国内の需要に占める輸入の割合は1965年頃から伸び始め、1973年から急上昇してきた。このため米国の工作機械貿易のバランスは1976年から急激に悪化し、1978年には1億ドル以上、そして1982年には6億3800万ドル

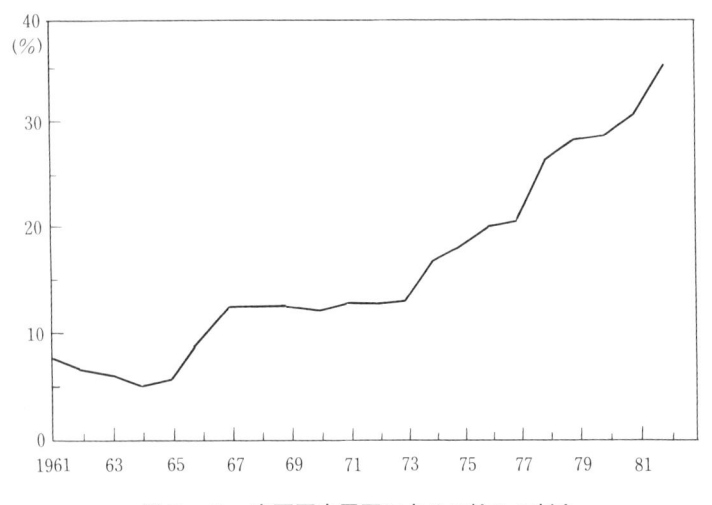

図3-1　米国国内需要に占める輸入の割合

(出典：米国下院外交委員会国際経済政策・貿易小委員会「1979年輸出管理法延長・修正」公聴会、1983年4月13日、562頁)

の赤字になってしまった(**図3-2**を見よ)。また、**図3-3**(118頁)が見事に示しているように、日本の対米輸出は目を見張る伸びを示したのである。西独、イギリス、台湾、スイス等の対米輸出と比べるとその急成長は明らかである。

1987年1月から5年間にわたり以下の6種類の工作機械の対米輸出自主規制が実施されている。コンピューターを組み込んだNC (numerical control: 数値制御)旋盤、NC抜き板せん断機、マシニング・センター(ボール盤、中ぐり盤、フライス盤を一体化したもの)の対米輸出台数を85年実績に比べ平均20％削減すること、また、輸出が伸び悩んでいる非NC旋盤、フライス盤、非NC抜き板せん断機は輸出監視を実施し、現行水準に事実上凍結された。

(単位:100万ドル)

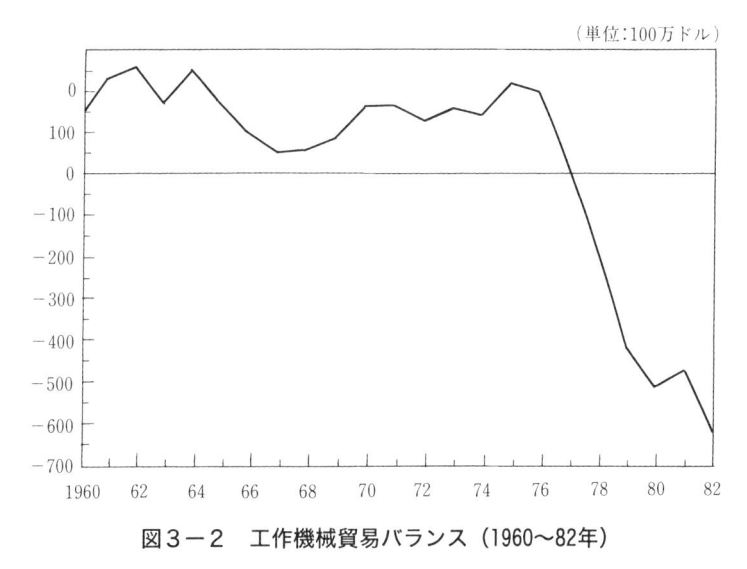

図3－2　工作機械貿易バランス（1960〜82年）

(出典：米国下院外交委員会国際経済政策・貿易小委員会「1979年輸出管理法延長・修正」公聴会、1983年4月13日、563頁)

　日本製NC工作機械が何故米国でこのように売れたのであろうか。制御メカニズムを付加した日本製NC工作機械は、その低価格(もちろん同性能の米国製の機械と比べて)、納期の正確さ、アフター・サービスの良さによって、米国市場で目を見張る勢いで売上げを伸ばしていったのである。米国経済が良好で設備投資が盛んであった時期に、米国工作機械産業は需要の急増に対応できなかったのである。そのためユーザーは輸入NC工作機械、特に日本製NC工作機械に依存せざるを得なかったのである。

　特殊な兵器生産に関わる工作機械は別にして、工作機械を一番使用しているのは米国では自動車産業である。ここでは問題になるのは工作機械の国籍ではなく、品質、価格、納期、などである。

118　第3章　米国の技術覇権戦略の実体

(単位:100万ドル)

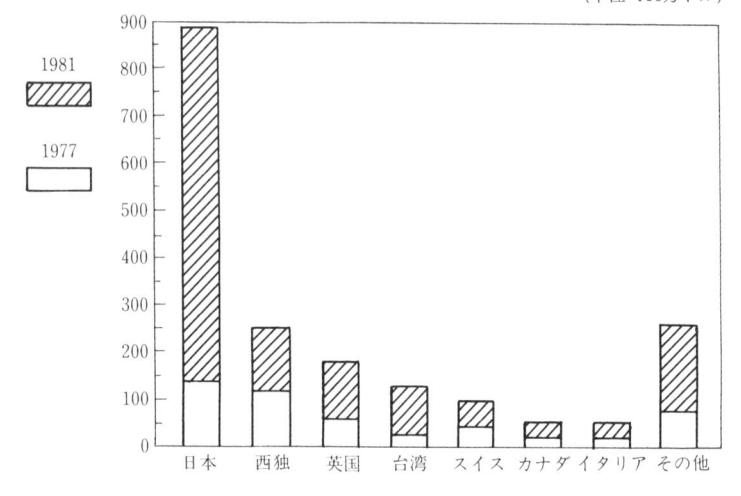

図3－3　米国の輸入（1977年と81年の比較）

（出典：米国下院外交委員会国際経済政策・貿易小委員会「1979年輸出管理法延長・修正」公聴会、1983年4月13日、564頁）

工作機械の最大のユーザーであるGMは、「品質、価格、納期でGMの要求を満たさなければ、輸入工作機械を買う」と米国メーカーに警告していたほどである。

　この日本製NC工作機械がもたらした新しい争点は、貿易と安全保障の関係である。確かに「機械を作る機械」である工作機械は軍事生産とも関係がある。航空機、小火器などは密接な関係がある。例えば、航空機生産用の工作機械が日本から大量に輸入され、その結果米国の軍事用工作機械メーカーが倒産したことが立証されるならば、国防条項による提訴も納得がいく。しかしながら、米国でも直接軍事技術に関与する工作機械メーカーは、一部の大手企業に過ぎない。またこれらの大手は、特殊技術を持っているため国

際競争力を失うことはない。しかも日本製の NC 旋盤とマシニング・センターは、いわば中級品であって軍事生産に直接関わる高級品ではなかったという。それ故、日本からの輸入により工作機械産業全体の存立基盤が脆くなると、米国の国家安全保障が脅かされると NMTBA が主張したことに正当な根拠はないと思われる。

　なぜこのような強引な国防条項の利用が行われたのであろうか。著者には2つの理由が考えられる。第1は、米国企業にとって通商拡大法201条(輸入による損害に対する救済措置)によって訴えることが次第に難しくなってきていることである。為替操作によってドル安になってきたために、輸入が既に天井を打って徐々に減少しつつある。そんな状況下で、外国企業からの輸入により自国の産業が損害を受けたことを立証することが難しくなっている。これに対し、安全保障を大義名分に掲げて外国企業を訴えることができる国防条項を使えば、被害の立証の必要がないのである。

　第2の理由は、保護貿易主義を行政府に強要するためには、国益とナショナリズムに訴えかけることが不可欠である。その点で国家安全保障ほど強力な要素は他にないのである。日本は国家安全保障を持ち出されると弱腰になることを米国政策決定者はよく知っている。日米防衛問題でその有効性が実証済みのこの戦術は貿易問題でもまたよく効いたのである。

　レーガン大統領の声明と1962年通商拡大法232条に基づく法律的権限との関係は意図的にぼかされていたし、また非常に多くの問題を含んでいた。それ故西独とスイスは米国の要請を断固拒否したのであった。しかし、外圧に弱くかつ外国との交渉が不得手な日本政府は、輸出自主規制を受諾してしまった。

この過程を見ていた他の業界が、1962年通商拡大法232条に基づいた調査を米国政府に請求し始めた。工作機械だけでなく、半導体、ベアリング、プラスチック成形機器といった分野でも国家安全保障の概念が持ち出されている。プラスチック成形機器は1988年1月11日に1962年通商拡大法232条に基づく調査の請求がなされている。このような実例を見てくると、工作機械の輸出自主規制は悪い前例となっていると言わざるを得ない。

　国防条項に関わる調査は1年以内に完了するよう法律で定められているが、大統領の決定は1年以上延期できる。レーガン大統領の拒否権によって葬り去られた包括貿易法案には、大統領の取る措置にタイム・リミットを設けてあった。もし、同じ内容の法案が成立すれば、232条による訴訟が増えるものと予想される。重大な損害があったことを立証しなくて済めば、訴訟は増えるものと予想すべきであろう。また、大統領決定にタイム・リミットを設ければ、201条あるいは反ダンピング認定よりも、国防条項による訴訟の方が処理が早くなろう。

　保護貿易主義のキャッチ・フレーズが「公正貿易」(fair trade)から「国家安全保障」(national security)に代わる傾向が出できたことに十分警戒しなければならない。工作機械の輸出自主規制だけでなく、富士通のフェアチャイルド社買収事件が国防総省の反対で失敗したような日本企業の対外直接投資に関しても国家安全保障が絡んでいる。

第4章　米国法の戦略的活用

第1節　英米法の世界

　米国人と企業が生きている世界は、英米法という我々とは全く異なる法体系であるために、日本人とは法のあり方、意味、運用がかなり異なる。米国は「訴訟社会」と言われるが、なぜそういう構造になっているかを簡単に述べてみよう。相手を知らなくては、喧嘩もできないのである。

　米国人にとって法は社会の秩序を保ち、まとめるために不可欠の手段であった。また、慣習法を基にして法典は作らないのが原則である。日本のような「六法全書」は存在しない世界である。それ故判例が法を形成していくという特徴を持っている。裁判官が具体的な事例に判決を下すと、それが先例となり蓄積されていく。そして先例は拘束性を持つ。判例は裁判官、検察官、弁護士が戦う訴訟から生まれてくるので、司法的でかつ訴訟中心の法体系になる。

　また英米法は法について実際的な見方をする。それは問題が生じたときに救済が与えられることを重視することによく現れている。その背景には、権利とは本来それぞれの人間が主張し、実現すべきものとして考えられている。権利の上に安住している人間

は、その権利を捨てているわけで、救済に値しないのである。かくして日本人から見ると相当に闘争的な法秩序概念が米国人には当然なものと見えるのである。

連邦と州

　米国の法制度は英国の法制度をモデルとするが、2点大きく異なる点がある。第1は連邦と州の司法制度の二重制度であり、第2が陪審制のような司法に対する国民の参加と民主的コントロールである。元来、英国に反逆して独立した13の元植民地が合衆国という連邦を作ったのである。アメリカ史では連邦を作る前のstateを現在の「州」と区別して「邦」と呼んでいる。それ故連邦に本来的に帰属する権限などはなく、各邦が連邦の権限として認めたものだけが連邦の権限となったのである。憲法に連邦の守備範囲として列挙されたもの以外の事項は全て州の権限に属するのである。契約法、家族法、会社法、商法、刑法までも州で規定されている。今でも飲酒年齢が各州で異なっているのが良い例であろう。各州毎に法律が異なり、警察もその州の中でしか権限がないのでは、犯罪取り締まりが困難になるので、作られたのがFBIであることは日本でも知られていよう。しかも、具体的な訴訟事件が起きた場合には、まずその州の法律が適用され、連邦裁判所まで行く事件はそう多くはない。連邦裁判所で取り上げられるのは、事物管轄権のある事件のみで次の2種類だけである。第1は連邦法に基づく訴訟（独禁法、特許権など）、第2は異なる州民の間の訴訟で係争額が1万ドルを超える事件である。

　日本企業は法律を守ろうとする姿勢はあっても、法制度を武器

にして利用しようとする積極性はなかったと言ってよかろう。場合によっては、法制度、法律、裁判もビジネス戦略の一環として、積極的に取り入れている米国企業と戦うのだから大変である。米国企業と取引きする際には、イエスでもノーでも明確に発言し、理論づけて決定に至る過程を証拠になりうる形で残さなければならない。紛争になったときにはこの文書による証拠を開示(disclosure)させられることを、最初から覚悟しなければならない。しかも、米国では裁判は最も公正なゲームと見なされている。公正なルールに基づき、双方が言いたいことを言って、中立的な裁判官が判決を下す。弁論の技術がここでは物を言うし、正義が勝つと信じる人が多いので、米国のTVでは弁護士物が流行するのであろう。

訴訟社会＝米国

米国では訴訟は避けるべき最後の手段ではなく、自分と相手の力関係、法律上の強弱などを比較する判断材料を相手方に提示するためであり、その後話し合いで妥協点を探るのである。年間で約1500万件の告訴がなされ、そのうち1割が損害賠償を求めていると推定されている。裁判になる前、あるいは裁判が始まってからでも和解で解決し、残りの25％が裁判にかけられる。しかし、本格的な裁判はお金も時間もかかる。これは最近の映画 "Civic Action" が公害裁判に取り組んだ、弁護士事務所の苦闘を鮮やかに描いている。そこで裁判以外の方法である仲裁、調停、陪審小法廷 (Summary Jury Trial ——証拠は全てを提出しないで、総括的な形式でのみ提出する)、簡易裁判などが利用されている。確かに "Sue first and talk later" の傾向が強い。

　米国が訴訟社会である背景と訴訟を起こしやすい社会構造を簡単に説明しておこう。まず、訴える権利が保護されていることをあげよう。司法の役割が尊重され、裁判所による紛争の解決が奨励されている。第2に訴訟を提起する障害となる経済的負担も軽くなっている。訴額がいくら多額であっても訴訟を起こすのに必要な費用は変わらないのである。日本では訴額に応じて印紙という形で訴訟費用が必要であるが、米国では100ドル程度で訴訟が起こせる。日常の低額の訴訟ならば、small claim court で即決判決を求めることさえ可能である。日本ではいかに裁判が縁遠いものかを知らせたのが、湾岸戦争の後で国際貢献した130億ドルを国民に返せとの訴訟を起こそうとしたら、東京地裁が約15億円の印紙代を請求した事件である。さすがにマスコミの批判を受けて、東京地裁も印紙代を引き下げたが、これではまるで裁判をするなと言わんばかりの制度である。第3には民間に訴訟を提起しやすくする動因がある。独禁法上の三倍賠償、一定の不法行為に認められる懲罰的賠償、集団訴訟(クラス・アクション)制度などがある。第4には法律的には素人である陪審員制度がコモン・ロー上の民事訴訟(係争額20ドル以上)でも導入されている。陪審員は18歳以上の市民から無作為に候補者が選ばれ、その報酬は1日30ドルである。特許権裁判では陪審員に理解しやすい説明が不可欠となる。確かに劇的なパフォーマンスが濫用されることもあるが、一般市民から法が遊離することを避ける安全弁に陪審制度がなっていることも無視できない。また歴史的経緯から、陪審は国王直属の裁判官による裁判から人民の自由と権利を守る砦と考えられてい

た。このため独立後、陪審を受ける権利は憲法の基本権の1つとして入れられたのである。憲法修正第6条は全ての刑事告発人に有罪か無罪かを決する小陪審を受ける権利を保障している。第5に弁護士が多いことである。70万人の弁護士がいて、しかも毎年3〜4万人が新たに弁護士資格を取るのである。これでは裁判がないとこれらの弁護士が生活できないことになる。1988年のデータでは全米で裁判関係で支払われた金額は約3000億ドルに達したと言われ、国防予算を上回った。大変高価な社会的コストである。

特許権訴訟における陪審員の使われた比率を見つけたので、**図4−1**を見ていただきたい。1980年以降は成功率も高くなり、損害賠償額も大幅に上がり、陪審員を使用する傾向にある。

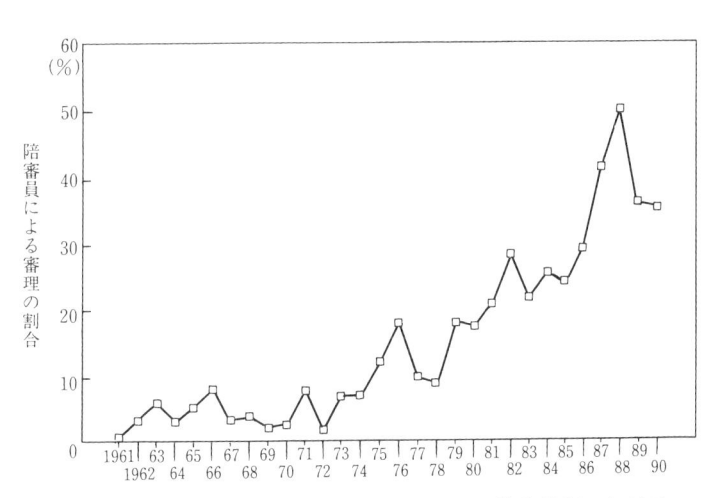

図4−1　アメリカ連邦裁判所で審理が行われた特許裁判における陪審員による審理の割合

（出典：(財) 機械振興協会・経済研究所『プラスチック成形機における工業所有権保護に関する国際動向研究調査書』1992年5月、34頁）

日本側からは特許のように専門知識を要する民事訴訟に、一般市民の社会正義が有効かとの疑問が出されている。しかし、陪審員を説得する機会は原告と被告に平等に与えられているし、陪審員の選定でも原告と被告ともに自己に不利な候補者は忌避できるのである。陪審員制度は米国民にとって憲法上の権利であるのだから、民主主義を機能させる大切な役割を果たしているのである。これを批判するのはタブーに近い。

第2節　米国法の域外適用

　域外適用とは、国家の公法を外国において行われた行為に対して適用することである。国際慣習法においては、一般的に属地主義が認められており、一国の法律はその国の領土において適用されるのが原則である。域外適用がなされるのは、私人間の利害調整をする民事法ではなく、独禁法、証券取引規制、外国為替管理法規、租税法などの公権力行使に関わる法律である。1945年のアルコア事件において、連邦最高裁判所は国外で行った行為でも米国に影響を与える目的でなされ、実際にそのような影響がある場合には、米国の独禁法が適用されると判決した。これが効果理論 (effect theory) と呼ばれ、その後の判例によりやや限定的に解釈されるようになったが、現在でも適用されている。この事件はカナダ企業とフランス、ドイツ、スイス、イギリスの各企業がスイスに合弁会社を設立し、出資会社に対しアルミニウム生産量を割り当てた。その結果、欧州から米国へのアルミニウムの輸出を制限し、実質的には米国で唯一のアルミニウム製造業者であるアルコ

ア社が、同一資本系列にあるカナダ企業を通して西欧企業が米国向けに輸出するアルミニウムの数量を制限することになった。

米国では国内法が優先することが、他国と摩擦を引き起こす原因の1つとなっている。例えば、GATT の東京ラウンドで成立したダンピング防止のための国際協定に対して、米国はこれを受諾したにもかかわらず、議会審議の過程で行政府は国内法優先の建て前について、わざわざ確認する声明を出している。他方、国内法優先という法体系は、議会と行政府との権限争いの結果であることに注目したい。外交交渉は行政府の専管事項であり、国際交渉の結果を押しつけられてはたまらないとの気持ちが議会側にある。このような議会の復権は通商面でも強く、通商法には昔に比べて硬直した側面が増加し、行政府の裁量の幅が減少している。このような行政府の裁量権の縮小は、外国から見れば外交交渉の範囲が狭まり、時間的制約を加えるものとして、経済摩擦や緊張を高める一因となる。

シベリア・パイプライン事件を取り上げて、米国法の域外適用を具体的に見てみよう。西欧諸国がエネルギー源の分散化を図るとともに、ソ連と経済関係を密接にして安全保障政策の一環にしようとした。そのためにソ連の西シベリアから天然ガスのパイプラインを敷設しようとしたが、ソ連側は西欧諸国に資金と技術をあおぎ、その見返りに毎年40〜70億立方メートルの天然ガスを供給するという協定であった。

米国がソ連への技術移転は西欧の安全保障を逆に低下させるとして反対していた。1981年にポーランド政府が戒厳令をしいて、自主管理労働組合「連帯」を禁止した。レーガン政権はこれに反発

して、対ポーランド輸出規制を強化し、共産圏全体に対する輸出管理も強化した。その際に米国の輸出管理法を域外適用して、このウレンゴイ・パイプラインのガス・タービンを受注した西欧企業に対して、罰則をちらつかせて契約を破棄させようとしたのである。なぜ米国法の域外適用をしたかと言うと、ガス・タービンの刃の製造技術は米国のジェネラル・エレクトロニクス社が保有し、またガス・コンプレッサーの製造も米国のドレッサー社が特許を持っており、西欧諸国の企業はこの技術をライセンス契約で取得していたからであった。

　このレーガン政権の手前勝手な論理に西欧諸国は一斉に反発した。エネルギーの安全保障政策とソ連の脅威を低減させるためにもソ連と提携を深めようとする西欧諸国は、米国の無神経な対ソ強硬路線に背を向けたのである。英国とフランスは法令に基づいて、またそのような法令を持たない西独政府は説得を通じて、それぞれの企業に契約の遵守を要請した。レーガンとは対ソ強硬という点ではかなり意見が一致していたはずのサッチャー英首相でさえ、契約通り対ソ輸出をせよと法令を使って命令した。これが1980年の通商利益保護法であり、反トラスト法の域外適用への「対抗立法」の性格を持っていた。従来の対抗立法の多くは、外国の文書提出命令に従うことを禁止するにとどまっていたが、英国の場合は更に一歩踏み込んだのであった。即ち、国家主権を侵害するような外国裁判所の証拠提出命令に対し、英国裁判所は効力を与えないこと、英国裁判所は外国裁判所の数倍賠償判決を執行してはならないこと、同様の判決によって賠償金を支払った者は、そのうち実損害を超える部分について英国裁判所において取り戻

すことができること、などを定めている。ジョン・ブラウン・エンジニアリング社は21基のガス・タービンを受注しており、禁輸により約２億ドルの損害を被り、従業員1700名が解雇される恐れがあった。

フランスの場合は少し複雑であった。米国のドレッサー社の孫会社であるドレッセ・フランス社(リヒテンシュタイン法人のドレッサーAGが介在するので)は、米国の禁輸措置の発動以前の81年９月に、全ソ機械輸入公団及びフランスのクルゾ・ロワール社と21基のガス・コンプレッサーを供給する契約を結んでいた。米国親会社の指令に従い、製造と引き渡しを凍結していたが、８月23日にシェブーヌマン研究産業大臣は既契約の遵守を命令した。この命令に違反した場合には、刑事罰の対象になる。８月26日に同社の３基のコンプレッサーがル・アーブル港からリガに向けて出港したため、米国商務省は同社が米国から一切の貨物または技術データを輸入する権利を暫定的に剥奪した。

西独の倒産寸前にあったAEGテレフンケン社の子会社であるAEGカニス社は47基のガス・タービンを受注しており、禁輸したら約３億ドルの損害と2200名の解雇が待っていた。イタリアでもヌオボ・ピヨーネ社がガス・タービンとコンプレッサーを受注していた。

結局、レーガン政権はドレッセ・フランス社(仏)、アルストム・アトランティック社(仏)、ジョン・ブラウン社(英)、AEGカニス社(西独)などの６社を輸出管理法違反で輸出入禁止リストに６カ月間載せただけで終わった。チェコスロヴァキアまで全長4500kmのシベリア天然ガス・パイプラインは予定より３カ月も早く完成

し、西ドイツ、オランダ、フランスなどに「赤い天然ガス」を送ったのである。82年2月にブライアン国防次官補はGE社が既に欧州企業に与えたタービン用ローターの技術を阻止できれば、ウレンゴイ・パイプラインの建設は2～5年遅れるだろうと議会で証言していた。しかし、米国の対ソ禁輸でGE社の技術を用いた出力25KWのガス・タービンの安定供給を妨害されたソ連は、出力16KWのタービンの自主開発に成功したのである。米国の経済制裁は期待に全く反した結果になったわけである。

　さて、米国法の域外適用をこの事件を通してまとめてみよう。レーガン政権は「米国の管轄権に服する者」として、1)居住の如何にかかわらず、米国の市民または居住者である者、2)米国に現存する者、3)連邦、州、属領の法律に基づいて設立された会社、4)設立地または事業活動地の如何を問わず、上記に定める者により所有され、または支配される会社、と定義している。このように米国の輸出管理法が海外の米系子会社及び特許実施権者に遡及的に域外適用されると規定されたのは歴史上初めてのことであった。当然ながら、英国、カナダ、EC、フランス、日本などは米国に対して外交抗議を行った。その理由は、1)既契約案件を規制対象とすることは妥当性を欠き、2)米国法を一方的に域外適用することが許しがたい主権侵害であり、国際法上正当化されない、とした。更に、8月12日にEC委員会は米国の行為が国際法上の管轄権理論だけでなく、米国法自身にも違背するものだとのコメントを発表した。その理由としては以下の4点をあげた。1)米国の領土外の会社の行動を規制しようとするので属地主義に反する、2)法人の国籍決定に関する実質的基準が一般的に受け入れら

れておらず、また技術には国籍がないから属人主義は適用されない、3)米国の禁輸措置は安全保障の理由からではなく、外交政策の理由によるもので、保護主義によって正当化され得ない、4)ウレンゴイ・パイプライン関連機器をEC諸国からソ連に輸出することが、米国法によって禁止される犯罪または不法行為の構成要件である効果を米国内に直接、予見可能かつ実質的にもたらしていないから、効果理論は適用されない。

西欧諸国が遡及効に猛烈に反対したことを反省して、1985年の改正法で米国は、輸出禁止が発動される前に既に契約が成立している製品または技術の輸出に関しては、適用しないことにした。

あまり知られていない日米間の域外適用の事例を次にあげてみよう。ズワイ蟹輸入カルテル事件という奇怪な事件である。1980年頃に数の子を中心とする輸入水産物が投機の対象となり、値段が吊り上げられ社会問題となった。そこで水産庁と通産省が業界を指導して、水産物輸入協会を作った。米国司法省はアラスカ産のズワイ蟹を安く買い叩くための談合がこの協会を通じて行われたと疑った。そこで反トラスト法に基づいて、調査を開始し、81年12月にシャーマン法第1条違反容疑で刑事訴追の方針を固めた。アラスカ産ズワイ蟹が日本側8社(主要な水産会社や総合商社など)によって、アラスカで談合により安く買い叩かれたのではないかとして、米国反トラスト法の域外適用をしたのである。被告8社は刑事訴追を恐れ、行政指導が農林水産省からなされたことを米国側に説明した。米国司法省はこの極めて日本的な「行政指導」と官民一体の得体の知れない馴れ合いに反感を持ったと思われる。交渉の結果、82年6月30日反トラスト法の同意判決により

民事訴追で済んだ。同意判決とは実際に日本国内で談合があったかどうかの事実の認定を一切せずに、司法省と被告8社との間で、一定の合意が成立すると、それが公益に合致するかを裁判所が審査し、問題がなければその合意に沿った判決がなされる制度である。

日本側が失敗したのは、社会的不名誉である刑事訴追を避けることに必死で、問題の発端はアラスカ産ズワイ蟹であったのに、同意判決ではいつのまにかアラスカ産水産物全般について、<u>以後10年間日本国内において</u>、情報交換を禁止された。更に水産庁などの「研究会」での情報交換を禁止され、日本国内でアラスカ産水産物の輸入に関して議論がなされた場合、被告8社は相互に連絡を取ることなしに、誰が出席しており何が議論されたかを米国側に報告する義務を負わされたのである。これではまるで米国司法省がスパイを日本の水産業界に送り込んだのと同然である。

この他に日本に対して独禁法の適用が行われた例は、日本の輸入業者が輸入ソーダ灰の数量割り当てを行ったソーダ灰事件、1989年の横須賀米海軍基地談合事件がある。後者は日本の建設業者が事業者団体を結成し、入札談合を行った事件で、「ダンゴー」が英語の辞書に登場する副産物まで生まれた。

第3節 301条とスーパー301条

「公正」貿易と経済制裁

1980年代に入ると、米国は比較優位にある分野において、相手国の参入障壁と貿易障壁の除去、サーヴィス貿易の自由化などを

求めて、日本・EC などの市場開放を要求する政策に転換した。経済がソフト化あるいはサーヴィス化するに伴い、金融、電気通信、運輸などの規制産業が規制緩和の大波に乗って有力な産業になった。更に、コンサルティング、広告、医療、エンジニアリング、弁護士などの知的専門職もサーヴィス産業として活発になった。

　米国の通商法は基本的に自由競争の理念で貫かれている。自由貿易の旗を米国は降ろしたことはないが、かつての欧州から自国産業を守るために採用していた高関税政策以来、自国産業に対する保護主義の伝統もある。この保護主義と自由貿易主義とを矛盾なく結び合わすものとして、「公正競争」の概念がある。自由貿易は自由競争に基づくとともに公正なもの、即ちフェアな競争でなくてはならない、不公正な競争によって勝利を得ようとするものに自由の恩恵を与える必要はなく、それどころか「不公正な」競争者は排除すべきであるとの考えがある。ダンピング、相殺関税、関税法337条、通商法201条、301条等全て、安値輸出や政府補助金付きの輸出、あるいは市場の閉鎖性を「アンフェア」なものとして、こうしたアンフェアな状況を是正し、自国産業を保護するためのものである。

　こうした米国の法体系の「建て前」は、ある日本製品の輸入が問題となるときには、輸入制限を行うべきかどうかの議論は、米国の国内産業との関係や消費者保護との関連ではなく、日本が「公正」であるかどうかという形で行われることが多い。日本製品のダンピングや輸出自主規制問題が日米間で感情問題になりがちな理由は、日本の競争がフェアかアンフェアかという形で問題が提

起されることにもよる。

　しかも、フェア、アンフェアの日本語訳の公正、不公正という言葉それ自体が、単に平等な競争条件という意味だけでなく、ややもすると正義、不正義を暗示している。特に参入機会の平等を求める段階は終わり、米国の主張は結果の平等まで要求し始めているのだから、事態は深刻である。人種問題に長く苦しんでいる米国では、単に平等な競争条件を与えるだけでは人種問題は解決しないとして、積極的に少数民族を優先的に採用する政策を取ってきた。これが行政府、大学、企業で行われているアファーマティブ・アクション (affirmative action) である。これが示しているように、米国社会ではフェアネスの概念は簡単にジャスティス(正義)の概念に転換するのである。

　1974年通商法の改正法第301条は、米国の通商に不利な影響を及ぼす諸外国の不公正な取引慣行に対し、大統領が一定の対抗措置を取る権限を認めた画期的な法律であった。議会の意図は米国の通商のため公正な世界貿易システムの実現を図るために、必要であれば外国政府に経済・外交圧力を加える手段を大統領に与えることにあった。関係当事者は誰でも、USTR に301条に基づく大統領の措置を求める請求とこれを支える主張を明記した申立書を提出することができる。発動の要件としては、外国の措置、政策、または慣行が通商協定に違反しているか、米国の権益を認めず、不公正、不合理または差別的な場合に実施できる。問題なのは「不公正な貿易慣行」の範囲が広過ぎて、極論すれば米国にとって不利なことなら何でもこの定義に入ることである。また、報復措置として、対象商品の米国への輸入を制限するだけでなく、関

税の引き上げ、輸入制限、課徴金の賦課、許認可の拒否、その他適当と判断される措置が取りうるのも恣意的である。

　議会と行政府がGATT違反との批判を承知で、301条を発動し続けた理由を簡単にまとめてみよう。まず第1は巨額の貿易赤字である。1985年に1600億ドルを超えたが、対日赤字は貿易赤字の50％近くになっている。第2は日本の関税と非関税障壁である。現在の日本の関税率は平均で3％と極めて低くなっている。しかし、米国が期待するほどには対日輸出が伸びていない。日本市場を開放するためには、制裁を前提にして交渉する以外に方法はないと米国内のタカ派は考えている。第3は日本の対米輸出による日米摩擦は、自動車、工作機械などのような「輸出自主規制」により管理貿易の管理下に置かれている。その分だけ対日輸出の摩擦が目立ってきたとも言えよう。

　その後79年通商協定法によって、調査に期限が設定され、84年通商関税法では商品だけでなく、サーヴィス、直接投資、技術にも適用されるなど、改正・強化されてきた。また「たすきがけ報復」も可能になった。これは87年4月に日米半導体摩擦のときに、半導体の報復措置として電動工具が対象となったことが具体的な例である。報復対象の商品に制限のないのも日本人には理解しにくい点であろう。

日本を標的にした301条

　301条の提訴・調査は75年のグアテマラの海運サーヴィス、カナダの卵に始まり、87年末までに61件にのぼる。日本関係の調査とその結果を見てみよう。鉄鋼は2度も調査対象になっている。

最初は76年10月で日欧間の鉄鋼協定により、日本製鉄鋼が米国へ転用輸出されているとの疑いから調査が開始された。しかし、この調査は78年1月に米国には影響がないとして打ち切られた。2度目が82年12月に円の過小評価政策により鉄鋼製品が不当な競争力を維持していると米鉄鋼企業9社から提訴がなされた。これも83年1月に日米協議を条件に提訴が取り下げられたが、83年2月23日に日米共同声明を不満として再提訴がなされ、2日後にUSTRにより却下された。

絹より糸は77年3月に日本・韓国・中国・ブラジル間の輸入制限協定により対米輸入規制がなされていると米国企業が提訴し、USTRにより調査され、GATTの勧告を日本が受け入れて調整措置を取ることで、調査は打ち切られた。皮革製品は78年8月に高関税と輸入割当て等の非関税障壁を米国の業界が提訴し、調査が開始された。GATT協議により輸入割当制枠の拡大が79年2月に日米間で成立した。ところが、82年に米国がこの合意の延長を拒否し、84年にGATTの紛争パネルは第11条違反であると決定した。日本側は皮革製品のアクセス拡大、137品目に関して関税を撤廃ないし引き下げを提示したが、米国はこれを不十分だとして日本製皮革製品の関税を85年12月に引き上げた。葉巻は79年3月に、パイプ煙草は79年11月に、専売公社による不合理な小売り価格政策、広告および流通における差別慣行の調査が開始された。これもGATT協議の場で日本側が調整措置を取ることで合意が80年11月に成立し、米国がGATT提訴を81年1月に取り下げている。

米に関して80年4月に調査がなされ、二国間協議で日本側が輸出補助金を削減することで合意がなされた。非ゴム製履き物の調

査は82年12月に始まり、皮革製品と同時に米国による関税引き上げがなされた。

半導体は非関税障壁を理由として85年6月14日に米半導体工業会(SIA)によって提訴された。日本の閉鎖的市場構造により米国製半導体のシェア改善がなされないこと、日本企業がダンピング価格で輸出しているために米国半導体産業に被害を与えているとして、日本市場へのアクセス改善とダンピング防止を求めた提訴であった。7月に調査が開始された。これと並んでEPROM(消去・再書き込み可能な読み出し専用メモリー)に関して、インテル社、ナショナル・セミコンダクター社、アドヴァンテスト・マイクロデヴァイス社から85年9月30日に対米ダンピングがなされていると商務省に提訴がなされた。86年3月に商務省はダンピングがあったとの仮決定を下して、各社に対して極めて高いダンピング・マージンを決定した。一方、商務省は256K以上のDRAM(記憶保持動作が必要な随時書き込み・読み出し可能なメモリー)に関して対米ダンピングの可能性があるとして職権による調査という異例の措置を取った。8月からは日米政府間で協議がなされ、結局、86年7月30日に日本が米国製半導体の輸入拡大に努力をすることで合意が見られた。これとほぼ同時に、商務省と日本企業の間で公正市場価格以下で米国市場での販売を行わないとの約束が行われ、反ダンピング提訴は取り下げられた。これが有名な半導体摩擦であり、市場アクセスで米国製半導体の割合を20％保障したかどうかで感情的なもつれが生じたのである。

煙草はUSTRが職権で85年9月16日に調査を開始し、高関税、広告・流通における差別、煙草製品の輸入・製造の独占があると

指摘された。86年10月に日本が関税をゼロにすることでが合意された。いよいよ日米経済紛争もモノだけでなく、制度までUSTRの調査対象になってきた。外国人弁護士が日本で活動が制限されているとの匿名の提訴が86年4月11日になされたが、USTR は86年6月10日にこの訴えを却下している。米国側はサーヴィス産業の市場閉鎖性だと主張したが、日本側、特に法務省は司法制度に関わるものであり貿易問題だとは認識していなかった。

最後にまた米が登場するが、80年のときのような輸出補助金の問題ではなく、食糧管理制度という基本的な政策そのものを対象にして、86年9月10日に全米精米業者協会(RMA)が提訴し、翌10月にUSTRは却下した。もっともUSTRは秋のGATTの議題とすることにした。301条が成立するとこの最初の試験として、米が全米精米者協会によって88年9月に提訴された。4年後に需要量の10％という市場開放を求めたものであったが、提訴の採否を決める最終期限が大統領選挙の直前になるような時期に提訴した政治的色彩の濃いものであった。ブッシュ副大統領は大統領選挙のために遊説中のカリフォルニア州で、USTRが米の提訴を受理するよう発言した。ヤイターUSTR代表は期限の10月28日に提訴を却下したが、12月からカナダのモントリオールで開かれるGATTの中間見直しの閣僚会議で日本が進展を見せない場合には、直ちに再提訴を求めるとの方針を明らかにした。

88年には建設市場が301条の対象とされた。米国側は日本の公共事業の大部分を占める道路、河川、港湾などのハードの土木関連工事には関心がなかったのである。米国の主な関心事は空港の通信施設やターミナルビル内の予約、搬送システムなどの、いわ

ばソフト分野であった。ところが日本側は入札手続きを緩和しただけで、しかも7つの公共事業に限定したため、米国側が納得するはずもなかった。米国側も当初は日本企業と平等な参入機会を与えよという至極当然の主張であったが、2年近くの協議の中で実質的な結果を要求するようになった。日本の行政指導を批判してきた米国が、民間工事の発注に日本政府の指導を期待するのは筋が通らない。この交渉で301条の発動をちらつかせ、88年末には日本企業を米国の公共事業から締め出すマーコウスキー・ブルックス修正法を成立させ、実際にワシントンDCの地下鉄工事で一番札を取った鹿島建設の米子会社と米国第8位の建設会社であるキーウィット社による共同事業体の落札を取り消した。しかもご丁寧に88年3月17日に行政管理予算局(OMB)は全ての連邦政府関係機関への通達で、マーコウスキー・ブルックス修正法に基づき88年会計年度(87年10月から88年9月まで)の歳出対象になる公共事業で日本企業が関与する共同事業体に工事を発注してはならないと指示した。この日本企業締め出しは幸い1年限りで終わった。日米政府間で取引きがなされたからである。その88年5月の「日米建設合意」は、関西新空港や明石海峡大橋など17の大型公共事業に米国企業が参入しやすいように、特例措置を認めたものであった。

　301条の職権に基づく調査は1985年に積極的に活用するとの方針が宣言されるまではなかった。ところが、1985年8月に米国政府は日本の皮革・皮革履き物輸入割当て及びECのフルーツ缶詰め補助金制度に対しては報復措置もありうることを宣言し、レーガン大統領は加えて、諸外国の不公正な取引慣行を減らすために、

301条による報復手段を積極的に活用する「新貿易政策」を取る姿勢を明らかにした。このときに301条の対象となったのは、以下の５件であった。1)韓国の保険市場、2)日本の外国製煙草の輸入障壁、3)ブラジルのコンピューター市場、4)ヨーロッパ共同市場の小麦輸出補助金、5)韓国の知的財産権政策。煙草は前述のように、USTR が職権で85年９月に取り上げ、86年10月に日本が関税をゼロにすることで合意がなされた。ただし、1980年代に報復措置が発動された事件は、EC の柑橘類関税・パスタ補助金、日本の半導体、ブラジルの医薬品特許・プログラム著作権の５件にとどまっていた。

1987年の USTR 年次報告書では日本の貿易障壁として、1)関税・輸入障壁として、煙草、皮・革靴、木材・紙製品、アルコール・ワイン、アルミニウム、グレープフルーツ、胡桃、キャンデー・チョコレート菓子、2)数量制限として、水産物、鰊・鱈、農産物、3)基準・認証では、JIS、テレコミュニケーション・無線機器、防塵マスク、4)政府調達では、人工衛星、スーパー・コンピューター、政府調達手段、5)輸出補助、6)知的財産権保護、7)サーヴィス分野では、建設・エンジニアリング、弁護士、背高コンテナー、煙草運送船、保険、8)その他でも、半導体、自動車部品、ソーダ灰、マーケティング慣行、大規模小売り店舗法、があげられていた。

1988年８月に成立した包括通商・競争力法は301条を強化した。外国の輸出入慣行が不公正かどうかの調査決定、対抗措置の内容・実施の決定権は、大統領の指示がない限り USTR に委譲された。更に、通商協定違反やその他の「不当な」慣行に対しては報復

することが義務となった。この改正により、報復権発動の幅が極めて狭くなり、USTR が対抗措置を取るかどうかを決めるのは、外国の慣行が「不合理」または「差別的」かどうかについての判断だけになった。例外規定として、1)外国が不公正慣行を取り除くことに同意したとき、2)米国に対して補償として通商上の便宜を供与する、3)対抗措置の実施で米国の受ける被害の方が利益を上回るとき、4)米国の安全保障を著しく損なう、などのときは、USTR は対抗措置を実施しなくてよいと定められた。

この改正が「不合理な慣行」という新たなカテゴリーを付け加えたため、不公正貿易慣行の範囲が拡大された。具体的には、輸出ターゲティング、労働基本権の否定、外国政府による競争制限行為の認可などがある。輸出ターゲティングとは、特定企業や産業の輸出競争力強化のために外国政府が実施する一連の支援措置のことである。低賃金問題や政府の研究開発助成なども、不公正貿易慣行と見なされる危険性が出てきた。

スーパー301条

2年間の時限立法であったが、その内容は1989年と90年の「外国の貿易障壁に関する年次報告」の議会提出後30日以内に、1)優先的に取り上げる歪曲的貿易障壁と慣行を、2)優先的に取り上げる国、3)上記の歪曲的貿易障壁が存在しなかったとすれば、増加したと予想される米国製品・サーヴィスの輸出額、を特定しなければならない。USTR は、1)報告後21日以内に調査を自動的に開始しなければならず、2)同時に12カ月または18カ月を限度にその慣行をなくすように相手国と交渉する。3)その交渉が不調に終

わった場合は、調査結果に基づいて、301条による一方的対抗措置を発動する、というものであった。個別品目だけでなく、国家全体の市場の閉鎖性を特定し、制裁できることになったのである。しかも、報復措置発動の決定権を大統領からUSTRへ移し、議会の意向をより反映しやすくした。

　余計なことだがNHKのアナウンサーがこの条項を「スーパー301条」と発音していることが耳障りで仕方がない。まるでスーパーマーケット関連の法律のようである。基本に1974年通商法301条があって、歪曲的貿易条項である「スーパー301条」が出てきて、さらに知的財産を保護する「スペシャル301条」が登場してきたことを、アナウンサーはご存じないのであろうか。

　1988年に米国産業界から申請されたのは、いちじく、自動車部品、ワイン、カメラ・フィルム、自動車電話、建設関連サーヴィス、チョコレート・キャンデー、電子製品、乾燥野菜、米、木製品、半導体、パーティクルボード（軟木合板）、更には商標、流通機構、行政指導、政府調達、税関手続き、基準・認証、知的財産権などの諸制度までがスーパー301条の適用として申請されていた。あらゆる商品が対象になり、制度までが歪曲貿易慣行とされたことに驚かざるを得ない。

　ついに1989年5月25日にはカーラ・ヒルズUSTR代表は、スーパー301条に基づく「不公正貿易国」と「不公正貿易慣行」として、日本、ブラジル、インドの3カ国の6項目を特定したと発表した。日本については、スーパー・コンピューターと人工衛星の政府調達、木材加工品の基準の3項目が認定された。木材については羽田農林水産大臣は「何を持って不公正な慣行と言うのだ。木材分

野は86年のMOSS合意で決着がついている。合意内容の実施は上手くいっており、米国からの輸入実績も伸びており、不可解だ」と記者会見で述べた。しかし、米国からすればMOSS協議で合意されたことが、実施されていないからスーパー301条に訴えたわけである。そもそも MOSS(市場分野別協議)という名前は、日米間の通商交渉があまりにも長引いているのに苛立った米官僚が、「苔(moss)が生えないように」という皮肉を込めて選んだのであった。

　対日穏健派と報道されたのが、ボスキン大統領経済諮問委員会(CEA)委員長、ダーマン行政管理予算局長、ブレディ財務長官、ベーカー国務長官で、対日強硬派がモスバッカー商務長官であった。大統領周辺の通商問題専門家たちが日本企業にとって重要だが、米国市場では代わりの供給者がいるような日本製品を見つけようとしたが、そんな製品は存在しなかったことがこの制裁で分かった。1990年には既に、日本・ブラジルとの間では協定が締結し、301条調査は完了していたので、インドのみが再度「優先国」に指定された。このように、スーパー301条手続きも実際には、制裁措置を発動するよりも、相手国を否応なしに交渉のテーブルに引き出すための脅しとして活用されている。

　89年2月17日の段階でスーパー301条の適用延期が提言されていた。政府の諮問機関である貿易政策・交渉委員会(委員長はロビンソン:アメリカン・エクスプレス社会長)の日本部会(部会長はホートン:コーニンググラス・ワークス社会長)は USTR への対日通商政策に関する報告書の中で、スーパー301条の対日適用を1年延期すること、マクロ経済政策として、1)米財政赤字の削減、2)日本の

内需振興と経済構造改革、3)日米両国の定期協議開催、を提言した。その一方で日本問題を討議する際に、USTR を国家安全保障会議 (NSC) のメンバーとすることを要請し、日米自由貿易協定の締結や貿易不均衡の管理目標設定には否定的見解を示した。

新スーパー310条

1991年になるとスーパー301条の復活法案が議会に提出された。4月25日行われた下院商業小委員会の公聴会では、証言に立った米商工会議所の代表や参加議員の大半が、日本を標的にした法案の復活を支持する発言をした。89年にスーパー301条の発動対象になり、90年に交渉が決着した木材製品では、全米森林製品協会の代表が「日本の場合は外圧が有効だ。日本政府が外圧を解決のために必要としている」と述べ、「スーパー301条のおかげで日本に新しい市場が開けた」と復活に賛成の意見を述べた。また、アモルファス合金紛争の当事者であるアライド・シグナル社の事業部長も「90年春にアモルファスがスーパー301条の発動の有力候補と見られていたからこそ、日本政府は交渉に同意した」と述べ、力による交渉を支持した。更に、行政府を代表して証言したファーレン商務次官はスーパー301条の復活がウルグアイ・ラウンドの紛争処理交渉に悪影響を与える恐れを指摘し、復活に否定的な見解を示した。しかし、同次官も「日本は貿易ではまるで開発途上国のような行動を取っている」と不満を示していた。この復活法案は成立しなかったが、湾岸戦争の貢献問題や米国の景気後退で高まる対日不満を背景に提出されたものであった。

クリントン候補は選挙公約でスーパー301条の復活を支持した。

新議会が始まると93年2月3日に上院国際貿易小委員会のマックス・ボーカス委員長(民主党、モンタナ州選出)が、通商法スーパー301条の復活法案である通商協定順守法案を提出した。結局94年3月に大統領命令により、94年と95年の2年間に限って「新スーパー301条」が設けられた。94年9月末までに不公正な貿易慣行の対象品目や項目を特定し、特定した日から21日以内に不公正な行為があるかどうかの調査に入る。調査はその後1年から1年半で制裁をするか否か、また制裁をするならばその内容を決定する。制裁は「たすき掛け」であるので、例えば自動車部品が制裁対象に特定されても、全く別の日本からの輸出品を報復の対象にできるのである。最新情報では95年9月28日にクリントン大統領は、新スーパー301条を更に2年間延長する大統領命令に署名した。同日、USTR は新スーパー301条に基づいて行う優先交渉相手の国・慣行の将来の候補に、昨年に引き続いて日本の紙製品と林産物、中国の農産物を指定した。

第4節　反トラスト法

米国社会は自由な市場経済を重視する価値観が強く、政府の産業界への介入はできるだけ少ないことが望ましい。ましてや特定の業種や企業を支援することはタブーに近い。そのためハイテク産業全般を活性化する際に、政府は慎重に規制緩和に乗り出した。即ち、1)産業界全体に対して技術革新のインセンティブとなる研究開発投資の優遇税制や独禁法の適用緩和、2)政府が固有の責務を果たす上で必要な国防上重要な産業や技術への助成、3)産業界

が自発的に十分行えるとは期待できない基礎研究や教育、4)政府自身の活動に関する国有特許の開放や産官学の交流、などに限定した。

92年4月3日に米司法省が反トラスト法を外国に積極的に適用する方針を発表した。従来は米国の消費者に直接損害を与える場合にのみ、独禁法の域外適用をしてきた。今回はこれを改めて米国の輸出利益に反するような外国での行為(例えば共同ボイコット、共謀による価格操作など)に対しては、米国の消費者への直接の損害の有無にかかわらず、独禁法の域外適用とした。

第2節とも関係するが、米独禁法の域外適用には「例外」があるのである。司法省は外国にある企業の行為が米独禁法違反になる場合でも、それがその国の政府の命令によるものであれば、例外的に独禁法の適用をしなかったのである。この代表的な例が、外国政府と結んだ輸出自主規制に基づいて、輸出カルテルを作ることである。輸出自主規制が効果を産むためには、主要輸出企業の協力、即ち輸出カルテルが不可欠になる。このようなカルテル行為は本来反競争的であり、米国消費者に直接的な損害を及ぼすので、米独禁法の域外適用になる。しかし、米国行政府が他国政府にお願いして作った輸出自主規制なのでは、司法省が独禁法を適用できるはずがない。

「麻薬」としての管理貿易

日米間ではこの種の輸出カルテルによる管理貿易が盛んである。鉄鋼、1985年からの自動車、1987年からの工作機械、などがある。90年度で見れば対米輸出額の27.7％が輸出自主規制の網を

被っていた。即ち、自動車、工作機械、繊維製品、鉄鋼、鍛圧機械の5品目で、その8割は乗用車が占めている。必ずしも日本企業が自ら好んで始めたのでなくても、一度自主規制が開始されるとかなり長期間継続される傾向がある。なぜなら、輸出自主規制は需要があるにもかかわらず供給量をコントロールするので、輸出価格は当然ながら上昇する。輸入国が輸入制限のために関税を引き上げれば、その関税増加分は輸入国の収入になるが、輸出自主規制は輸出企業に「超過利潤」を与えることになる。

　また、輸出自主規制は輸出企業別に輸出枠を設定しないと実効性がないので、企業にとっては広告、拡販などの努力をせずに一定量を確保できることになる。それ故最初は渋々輸出自主規制に従った企業も、このような旨味を味わうと自主規制の継続を求めることにもなる。自動車の例では、ウォートン・エコノメトリックの調査では、自主規制の最初の2年間で米国での日本車の平均販売価格は約2600ドル、約35％も上昇したという。その結果ブルッキングス研究所によると、84年の段階で消費者ではなく、米国自動車産業は約80億ドルの収益を上げたという。規制によって得たこの利益を、生産や研究開発に使うよりも経営の多角化に使ったことで米自動車企業が非難された。クライスラー社は85年に小型航空機メーカーのガルフストリームを買収したが、業績に貢献するどころか自動車不況で90年に売却してしまった。90年のビッグ3の決算は約11億ドルの赤字で、自主規制の始まった81年当時の水準に転落し、GMは91年末に7万人以上のレイオフを含む合理化案を発表した。91年の決算では総額60億ドルの赤字に悪化した。

　長期的に見るならば、輸出自主規制は輸入国の関連産業の競争

力の回復にはあまり役立たない。輸出産業が輸入国への工場進出などを進めて規制の意味がなくなる場合があるし、また第三国からの輸入が増加して自主規制のメリットがなくなることもある。

　実際に工作機械の輸出自主規制の結果はどうであったろうか？

　輸出台数は確かに低下したが米国の輸入に対する日本製品の割合はそれほど落ちなかった。シェアも台数ベースより金額ベースの方が高くなったのは、為替レートの損害を取り戻すために値上げしたからである。また、自主規制に応じなかった国の対米輸出も増加した。

　より重要な問題は、輸出自主規制によって米国工作機械業界が再活性化されたか否かである。近年多くの米国企業は工作機械部門の赤字に悩み、縮小あるいは撤退している。過去に工作機械企業を吸収したコングロマリットも、ベンディックス、テキストロン、エキセロなどほとんどが撤退した。専業メーカーでも最大手のシンシナチ・ミラクロンでさえ、資本投資の中心はプラスチック機械や半導体材料、産業用ロボットなどの黒字事業に向けられている。大手のアクメ・クリーブランドは全面撤退し、通信機器部門に投資している。ブラウン・シャープも工作機械部門が赤字であるため精密測定器事業に転換している。このように米国の工作機械産業は再活性化とはほど遠い有様である。

　また、このような保護に慣れてしまった米国企業が規制の撤廃になかなか同意しないことが問題である。米国の繊維産業、欧州の自動車産業がその例である。

共同研究の解禁

86年のハイテク貿易の史上初の赤字転落をきっかけにして、より直接的な国家支援を求める声が議会を中心に強くなった。そこで取られたのが国防研究の名の下に実質的に民生技術の開発に政府助成をする方式であった。

従来反トラスト法の規定によれば、企業間及び政府と企業間の共同研究は禁止されていた。ところが、1982年には20社が参加する私企業間の共同研究組織である SRC(半導体研究組合)が設立された。半導体という戦略的分野の産業育成のために、反トラスト法の適用緩和がなされ、参加企業に対する税控除の特典さえ与えられた。

1984年になると「国家共同研究法」が制定され、共同研究が解禁された。それに基づいて、国防総省と有力民間企業13社が共同出資して SEMATECH(半導体製造技術研究所)が設立された。このセマテックでも外国企業の参加は排除されている。クリントン政権になって国家共同研究法は「93年国家共同研究生産法」に衣替えされて、一定の条件を満たせば企業間の共同生産事業も許可されることになった。更に、研究開発投資の税額控除を恒久化することがうたわれている。

1988年4月に、VHSIC計画の技術開発とマネジメントの成果を継承するように、マイクロ波・ミリ波IC技術の開発に当たる国防総省の MIMIC 計画が、期間7年、投入研究開発費5億3600万ドルで発足した。第1段階ではまず MIMIC 用チップとサブシステムの生産に必要な設計と生産設備の開発から始める。TRW、ウェスティングハウス、マーティン・マリエッタ、ヒューズ、ユニシス、アライド・ベンディックスなど16の主契約会社が選ばれていた。

ペンタゴンの DARPA は88年12月に、3年間で3000万ドルのHDTV（高品位テレヴィ）開発助成計画を発表した。これに87企業が応募し、合計2億ドルにのぼる提案が出され、89年末までに5社が選定された。DARPA の90年会計年度の高解像度ヴィデオシステム計画予算として3000万ドルが計上された。87年10月に下院で初めて高品位テレヴィ政策に関する公聴会が開かれた。米国で高品位 TV の開発の遅れに対して強い危機感が表明されたのは、単に次世代の TV であるだけでなく、関連技術が放送以外の広い分野で利用される大切な先端技術であるからである

既にカーター政権が79年10月の「産業技術革新政策に関する教書」において、政府研究機関で生まれた研究成果の民間移転の促進、ヴェンチャー企業の育成、企業間の共同開発を可能にする反トラスト法の緩和、知的財産権の保護強化をうたっていた。

第5節　知的財産権

新しい製品、技術の開発者に対して一定の期間独占権を与える特許権と独禁法との間には、その性格からして対立関係にある。第2次世界大戦後の米国では、独禁法が厳格に守られる「アンタイ・パテント」の時代が続いた。ところが1979年10月にカーター政権の「産業技術革新政策に関する教書」が競争力強化の主要対策の1つとして、知的財産権の保護強化を打ち出すと、流れが変わってきた。知的財産権とは特許権、著作権、商標、トレード・シークレットなどを包括する新しい概念である。ドイツでは無体財産権という概念が使われていた。日本では知的所有権というやや

誤った用語が使われているが、本書では知的財産権で統一している。特にヤング報告書の勧告を受けて、レーガン政権が知的財産権保護に本格的に乗り出すと変化は決定的になる。時代は特許権保護に好意的な「プロ・パテント」の時代になる。特許権侵害事件を専門に管轄する機関として1982年に設置された、連邦巡回控訴裁判所(CAFC)の活動がこれを象徴している。CAFCは全米の連邦地方裁判所の特許権侵害第一審判決に対する控訴事件を全て管轄する第二審裁判所で、創設後特許権の保護を強化する判例を出してきた。1980年代には米国企業同士が激烈な特許紛争を展開した。コダック社とポラロイド社のインスタントカメラに関する特許訴訟では、85年に特許侵害による差し止めを認める判決が確定した。この結果、コダック社は工場を閉鎖し、従業員4000名を解雇し、せっかく参入したインスタントカメラの分野から撤退を余儀なくされた。更に、90年にコダック社に対して史上最高と言われる損害賠償金4億5000万ドル、利息4億5000万ドル、合計で9億ドルの支払いが命じられている。

坂井昭夫『日米ハイテク摩擦と知的所有権』(有斐閣)によれば、過去には訴訟に持ち込まれた事件の30％しか特許権の有効性が認められなかったが、連邦巡回控訴裁判所の設置後は権利者側の勝訴率が80％に跳ね上がったという。こうなると特許権も強力な経済紛争の武器になる。

1984年から87年末までのデータを詳しくみると、**図4-2**(次頁)のようになる。まず、全事例を見ると、337条調査の件数は変動が激しく、その一方337条調査を待っている事例数は減少している。当然ながら、各年度末の排除命令は増加している。日本が対

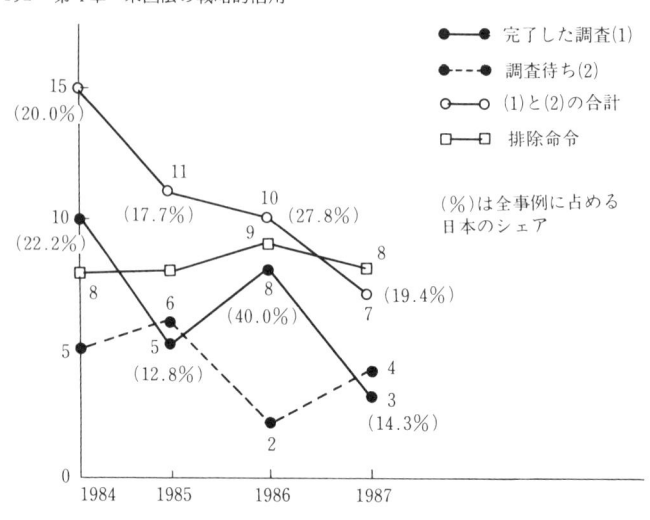

図4−2　日本を対象とした337条調査

凡例:
- ●—● 完了した調査(1)
- ●--● 調査待ち(2)
- ○—○ (1)と(2)の合計
- □—□ 排除命令

（％）は全事例に占める日本のシェア

象の事例では、調査と調査待ちの合計は1984年以降、減少傾向にある。しかし、全事例に占める日本の事例は、各年ともかなり高い。

　1988年包括通商・競争力法は知的財産権版であるスペシャル301条を新たに導入した。USTR は外国の貿易障壁に関する報告書を公表後30日以内に、知的財産権の適切かつ効果的な保護を拒否している国の中から「優先国」を指定する。USTR は「優先国」に指定された国の法律・慣行などについて、調査開始が米国の経済的利益にならないと判断される場合を除いて、301条調査を開始する。また、USTR は調査開始と同時に「優先国」に指定された国と協議を開始し、調査開始後6カ月ないし9カ月以内に301条による制裁措置を取るか否かを決定しなければならない。このように、スペシャル301条の手続きも、USTR の調査開始に当たっての裁量権を縮小し、301条手続きの迅速化を図っている。

1986年8月の米国会計検査院(GAO)の『知的財産権の通商法保護の強化』と題する報告書によれば、75年1月から85年4月までの間に、ITCが調査を開始した224件の事例の内訳は、特許権侵害が約75％、商標権侵害が約22％、著作権侵害が約4％、その他約4％であった。提訴人は不公正な競争方法・行為の立証とは別に、被害の立証ならびに不公正な競争方法・行為と米国産業の被害の因果関係を立証する責任があった。同報告書によれば、被害要件(米国産業の存在あるいは被害の存在)が立証できずに提訴人が敗訴した事例が11件あった。また、最終決定に至る337条調査の費用はほとんどの場合に10万〜100万ドルであったが、提訴人の訴訟費用の半分以上が被害要件の立証のために費やされると言われていた。このような被害要件を立証できない場合の敗訴の可能性、ならびに被害要件の立証のためにかなりの費用が必要であることが、米国企業が337条提訴をためらった要因であった。

　1988年包括通商・競争力法は関税法337条の改正も行った。関税法337条に従えば、米国知的財産権を侵害する貨物が輸入される場合、米国内産業はITCに申し立てすることができ、ITCは侵害があり、それによって米国産業に損害が発生しているということが立証されれば、その貨物の輸入を禁止できた。改正では知的財産権侵害に当たる輸入の場合と、それ以外の不公正な輸入とを区別して、別々な要件の下に規制することにした。一般の輸入における不公正な慣行については、その輸入が米国産業を破壊ないし実質的に損害を与え、産業の確立を妨げ、または通商を制限ないし独占する場合には違法とする。知的財産権侵害に当たる輸入に関しては、まず特許権及び著作権を侵害する輸入がある場合に

は、侵害の事実のみで違反となり、産業に対する損害の発生は必要でなくなった。ただし、影響を受ける米国産業が存在し、または確立の過程になければならない。ここで問題になるのは、いかなる場合に米国産業が存在しまたは確立の過程にあることになるのであろうか？ 米国内に、1)工場及び設備に対する重要な投資がある、2)労働及び資本の使用がある、3)エンジニアリング、研究開発及びライセンシングを含め、当該権利の活用のために実質的な投資がある、という要因のどれか1つがある場合には、米国産業が存在するものと見なされる。

米国政府が通商政策の目玉に知的財産権保護を据えて、ソフトウェアの権利保護、バイオ新薬の特許権保護、半導体チップ法の制定、日本の技術文献収集を目的とした日本文献法など矢継ぎ早に対策が打ち出された。この背景にはIBMを中心とした米国ハイテク企業の動きがあった。1986年6月に、米国の薬品産業、コンピューター産業などの大企業が結成した知的財産権委員会(IPC)は、GATTのウルグアイ・ラウンドに向けて、民間企業のコンセンサスをまとめ、知的財産権の最低限のルール作りに積極的に動き出した。

IPCにはIBM、GE、ヒューレット・パッカード、ロックウェル、ファイザー(製薬)、ブリストルマイヤーズ、GM、ジョンソン・アンド・ジョンソン、メルク、モンサント、デュポンの11社が参加している。

対中制裁

1995年2月4日、カンター通商代表は米国製CDの海賊版など

を巡る中国の知的財産権侵害問題で、米中交渉が物別れに終わったとして制裁リストを発表した。中国の対米輸出の主力である繊維製品、玩具など、年間対米輸出額で約10億8000万ドル相当の35種類の中国製品に100％の制裁関税を賦課するものである。中国対外経済貿易協力省は、米国側の決定は「中国側が取ってきた一連の知的財産権保護のための措置を無視している」と強く非難し、米国産のゲーム機、音楽テープ、写真フィルム、酒、煙草などに対する100％関税、自動車合弁協議の停止など7項目の報復措置を実施した。自動車、航空機、ハイテク産業などが中国市場の将来性に注目し、本格的な進出を目指している時期であるので、米国側に弱みがある。94年の米国の対中貿易は10月末で246億ドルの赤字で、史上最高であった93年(228億ドル)の年間赤字を既に上回っていた。

1974年通商法第182条(これがスペシャル301条である)により、米国は94年10月に中華人民共和国を知的財産権侵害国家に指定し、交渉をしてきたのである。米国政府はCDやコンピューター・ソフトなどの中国製海賊版が野放しにされ、米国企業に年間8億ドルの損害を与えていると主張してきた。中国もここ数年間に商標法、特許法、著作権法、不正競争防止法、などの経済法を制定し、それなりに知的財産権保護の政策を打ち出してきた。

第6節　不公正訴訟のゲーム——裁判所か国際貿易委員会か？

米国企業としては、外国企業を相手にその不公正を訴える場合

に2つの選択肢がある。ITC に提訴する場合は、1)被告の数が多い場合、2)輸入の増加率が速い場合、3)侵害の期間が短く、侵害の実績も低い場合、4)製品のライフサイクルが短い場合、5)特許権の残存期間が長い場合、である。ITC では337条違反であると認定した場合でも、裁判所における通常の訴訟とは異なり、損害賠償は認められない。裁判所の手続きでは、被告は原告に対し反訴を起こすことができ、特に原告の訴えと密接な反訴(例えば、特許権無効確認の訴え)は、その裁判所での提訴が義務づけられており、当事者間の紛争を全体として解決することが図られている。これに対し ITC337条調査では反訴を起こすことが認められていない。

　製造企業の数が多いときには、排除命令による税関での輸入差し止めは、最も確実な強制執行の方法である。特許裁判では1社に1件の訴訟しかできないので、複数の企業が同種の製品を輸出している場合にはその数だけ裁判を起こさねばならない。また、輸入の増加率が速いときには、手続きが簡単で、かつ差し止めが確実なITC が好まれる。まして88年からは米国企業の被害の立証が不要になったのだから、関税法337条は「水際作戦」の盾に使われやすくなった。侵害の期間が長く、侵害の実績も高い場合には、救済方法としての損害賠償は無視できない。その場合には市場が成熟するのを待って、通常の司法機関へ提訴する方が有利である。「サブマリン特許」と言われる所以である。ハイテク製品のようにライフ・サイクルが短い場合には、救済が早く確実なITC が好まれる。特許権の残存期間が極めて短い場合には、差し止め救済は実効を失うため、損害賠償を求め司法機関に提訴する。

337条の調査は ITC が職権で行うことも可能だが、現実は私人による提訴によって開始されている。連邦裁判所での手続きと異なり、337条に基づく訴状にはかなり詳細な事実が記載されていなければならない。ITC は訴状の提出から30日以内に調査を開始するかどうかを決定する。ITC が調査開始を決定すると、官報にその旨が公示される。

　非提訴人は訴状送達日から通常は20日以内に答弁書を提出しなければならない。訴状に応答しない場合には非提訴人の敗訴が決定することもありうる。

　仮に輸入差し止めを求めて裁判所に提訴したならば、結論が出るまでに3年から5年の歳月と50万ドル近い費用がかかる。ところがITCへ持ち込むと、受理から30日以内に調査が開始され、差し止め命令が出るまでの期間は1年(現行法では180日に短縮)で済み、かかる費用も裁判と比べて格安なのである。しかも更に米国企業にとって良いことに、裁判所で特許の有効が認められる確率が40～50％であるのに対して、ITC では65％に跳ね上がるのである。いわば米国企業はビジネスの戦略として ITC を利用しているのである。

終わりに——求められる日本の戦略

提言１　政治家と官僚に「国家戦略」が不可欠である

「国家戦略」とは長期ビジョンであり、国家の目的をしっかり確定し、その目的をできるだけ少ないコストで実現することである。また各選択肢の間のトレード・オフ関係（あちら立てればこちらが立たないという関係）を明確にして、そのコストを計算できることが望ましい。本来、政治家がこのような国家戦略を持つべきで、官僚はその補助をすべきなのである。国家公務員とは「公益」を実現するための「公僕」(civil servant)であるべきなのである。残念ながら現在の政治家にも官僚にもこのような国家戦略を持った人間はほとんどいない。いれば希少価値である。

日米関係でよく見られた「お人好し外交」は百害有って一利なしである。ましてや外交交渉の最初からお土産を渡すとは言語同断である。今でも私が立腹しているのは、湾岸戦争での日本政府の対応のまずさである。その中でも根本的に誤っているのは、日本は国際貢献していないとの議論である。確かに自衛隊を派遣しなかったが、総額130億ドルもの巨額の支出は貢献ではないと言うのであろうか。とんでもないことで、これがなければ湾岸戦争の物資は輸送できなかったはずである。問題は国民１人当たり１万

円もの負担を支出しながら、その「領収書」を要求しなかった日本政府の弱腰であり、円高で目減りした分のいわれなき補充であった。海部首相には掃海艇や給油艦を派遣できなかった「弱み」があったと言うのであろうか。米国が求めていたのは兵站輸送であり、荷物を積んだトラックなどの車両をそのまま積めるロール・オン・ロール・オフ船であったという。

90年1月20日にブレディ財務長官と橋本龍太郎大蔵大臣との間で90億ドルの追加支出が決まった。この会談では90億ドルが全額米国に渡されるのか、他の多国籍軍(この用語も胡散臭い。英語ではcoalition forces即ち同盟軍を使っていた)参加国にも配分されるのか、拠出はドル建てか、円建てか、などの核心が詰められていなかった。これが後に日米関係を悪化させた。この経緯については手嶋龍一『1991年日本の敗北』(新潮社)が詳しい。

特に政治家に「戦略」がない。これでは英国首相のチャーチルが言ったように、「政治家は次の世代のことを考えるが、政治屋は自己の再選しか考えない」ことになる。しかも、周囲を見れば、発言は上滑りの「巧言令色少なし仁」で、行動はみみっちい政治屋ばかりである。日本の将来を見据えて百年の計を立てられる人間がいない。自民党だけでなく社会党も地元、関係団体、労働組合など小さな利益団体のしがらみに囚われている。

政府の情報収集能力も問題だが、各省庁に入った情報を国家レベルに上げることも大切である。「省益あって国益なし」、「省情報あって国家情報なし」では納税者はたまらない。

冷戦構造の中でぬくぬくと国内政治中心で運営されてきた日本は、冷戦後の世界の中でどのような役割を担い、政策を提案して

リーダーシップを取るためにはどうするかを検討しなければならない。危機対応策がなく、ぬるま湯状態である。

提言2　「産業政策」を廃止すべし

1995年8月29日の『朝日新聞』は、通産省が半導体と液晶の研究開発をまた民間企業と共同でやろうとしていると報じていた。この分野では最近米国の追い上げが激しいため、競争力の低下が懸念されているためだという。96年度の概算要求で「超先端電子技術開発促進事業」として、13億3000万円を計上した。96年度に関連のメーカーで研究組合を設立し、国がその組合に研究を委託する方式で、5、6年は継続する予定だという。このような政府主導の産業政策はもういい加減にしたらどうだろうか。半導体、高品位TV、超伝導、超LSI、と官民共同で先端技術を開発し続けてきた。確かに産業としては成功したのだろうが、成功すればするほど、米国からは「日本株式会社」と批判され、不公正貿易あるいは独禁法違反だと摩擦の種になっている。

　日本企業は多国籍企業として世界を市場にして羽ばたいている。もっと自信を持って政府との距離をおいて、独自の世界戦略を展開してもらいたいものである。当然、行政改革の中で「規制緩和」がもっと図られるべきで、やたらに時間がかかり書類ばかり提出させる、効果的でない許認可権限を中央官庁から奪うべきであろう。その意味では地方分権が促進されねばならない。

提言3　日本企業は自主的に企業防衛をすべし

　自分で企業防衛をしなさいとの一言に尽きよう。過去のように

ただ良質の製品を輸出すればよいのではなく、現在は細心の注意が輸出には必要なのである。汎用品なので安心して輸出したら、核兵器や化学兵器製造に使われる危険は常に存在する。日本でも96年4月から「know」規制という新しい輸出管理が施行された。これは輸出業者が大量破壊兵器に使われることを知っていた場合に、実際に利用されたときにその責任を問われるものである。汎用品の輸出を厳格に規制されたら、米国のCIA並みの情報収集を企業に要求されてしまうため、輸出企業は大変な負担を負わされてしまう。そこで「知っていた」とはどのような状況を意味するのか、基準を明確に客観的にして欲しいというのが産業界の意見である。この産業界の要望に答えて、通産省は「使われる恐れがある場合」を、1)契約書などに、その品物が核兵器などの開発や多数の人の生命、身体や財産に危害を及ぼすために用いられると記載されている、2)契約書などに品物の需要者が、核兵器の開発などをすると記載されている、などを具体例にあげたのである。世の中の何処に契約書に核兵器などを作るために、工作機械などを輸入しますと正直に記載する悪者がいるのだろうか。通産省の高級役人の頭はこの程度なのであろうか。イラクのサダム・フセイン大統領に見せてやりたいものである。

　輸出管理教育は社員全員に実施すべきであろう。「know」規制が実施されれば、各企業は通信・情報管理、顧客データベースの作成と管理、文書管理と廃棄など、従来比較的に軽く見ていた側面でエネルギーを注がねばなるまい。

　更に、輸出企業は法務部の充実を図るべきである。積極的に有能な社員に弁護士資格を取らせるなどの積極策を取るべきであ

る。ここでコストがかかるために節約すると、後で知的財産権侵害訴訟を起こされたときにより大きなコストを負担することになる。最初から知的財産権訴訟の可能性を考えて、利益計算に入れておくべきではないだろうか。

提言4　知的財産権の教育を重視すべし

自らの知的財産権をきちんと主張できる体制固めをすべきである。また知的財産権侵害をしないよう社員教育をしなければ現代のビジネスに生き残れない。

　94年7月29日の『朝日新聞』には知的財産権を巡る訴訟・仲裁のための保険が発売の予定であるとの記事が載った。東京海上、安田火災、住友海上の3社が知的財産権に関する訴訟費用や仲裁費用などを保障する新保険を9月1日より発売するとの内容であった。知的財産権が侵害された場合と侵害した場合の訴訟費用を最高8割まで負担する。この種の保険に企業が入ることも防衛策の1つにすべきであろう。

参考文献

日本語文献

石川博友『日米摩擦の政治経済学—対日戦略決定のメカニズム—』ダイヤモンド社、1985年

石川博友『日米摩擦の政治経済学—プラザ合意から10年—』ダイヤモンド社、1995年

石黒一憲『国際摩擦と法』ちくま新書、1994年

内田盛也編『反撃するアメリカ』にっかん書房、1988年

内田盛也『テクノポリティックス』日刊工業新聞社、1991年

小倉和夫『日米経済摩擦』日本経済新聞社、1982年

太田博『崩れゆく技術大国』サイマル出版会、1992年

機械振興協会・経済研究所『日米関係の再構築』1994年

草野厚『日米・摩擦の構造』PHP研究所、1984年

権田金治「アメリカの科学技術戦略」『国際問題』1988年1月号

公正貿易センター『米国1930年関税法337条』日本貿易会貿易研究所、1988年

ヘンリー幸田『ITC(国際貿易委員会)の解説—不公正輸入調査を中心とする—』発明協会、1985年

坂井昭夫『日米ハイテク摩擦と知的所有権』有斐閣、1994年

佐藤定幸編『日米経済摩擦の構図』有斐閣、1994年

手嶋龍一『1991年日本の敗北』新潮社、1993年

デスラー, I. M.『貿易摩擦とアメリカ議会』日本経済新聞社、1987年

ドライデン, スティーブ『通商戦士—米通商代表部(USTR)の世界戦略』上下、共同通信社、1996年

名和小太郎『技術標準対知的所有権』中公新書、1990年

日本経済調査協議会『アメリカ貿易関連法における国家安全保障概念』1986年

長谷川俊明『訴訟社会アメリカ』中公新書、1988年

船橋洋一『日米経済摩擦』岩波新書、1987年

プレストウィッツ Jr., C. V.『日米逆転』ダイヤモンド社、1988年
松下満雄『日米通商経済法の法的争点』有斐閣、1983年
村上政博『アメリカ経済法』弘文堂、1993年
村山裕三『アメリカの経済安全保障戦略』PHP研究所、1996年
宮里政玄『米国通商代表部(USTR)』ジャパンタイムズ社、1989年
守誠『特許の歴史』新潮社、1994年

英文文献

Bhagwati, Jagdish and Hugh T. Patrick, eds., *Aggressive Unilateralism: America's 301 Trade Policy and the World Trading System*, Harvester Wheatsheaf, 1991

Flamm, Kenneth, *Mismanaged Trade? Strategic Policy and the Semiconductor Industry*, Brookings Institution, 1996

Irvin, Steven M., *Technology Policy and America's Future*, The Henry L. Stimson Centert, 1993

Office of Technology Assessment, *Redesigning Defense: Planning the Translation to the Future U.S. Defense Industrial Base*, 1991

Pastor, Robert A., *Congress and the Politics of U.S. Foreign Economic Policy 1929 -1976*, University of California Press, 1980

Trade Promotion Coordinating Committee, *Towards a National Export Strategy: U. S. Exports=U.S.Jobs*, September 30, 1993

あ と が き

　この本は私の研究から日米経済紛争関係の論文をまとめたものである。99年の夏も酷暑で参ったが、何とかまとめ上げた。いつものテニス仲間に感謝している。昼間はパソコンを叩き、夕方にテニスをする週３回の大学通いであった。私の研究であと残るのは経済制裁関係と輸出管理関係の研究をまとめることになるが、いつになることであろうか。とにかく本にするのは研究者の仕事とはいえ、エネルギーとこま切れではない一定の時間が必要である。最近の大学からはこのような研究者本来の時間が奪われる傾向があるのが、大変気がかりである。

　以下に初出の論文をあげておく。それ以外の部分は書き下ろしである。

　第１章第１節の一部は「米国の通商政策決定システムの変遷―保護貿易主義と民主主義の関係を中心として―」『経済論集』東洋大学経済研究会、第13巻第２号、1987年10月、47～61頁。

　第１章第４節と第４章第５節と第６節の一部は「知的所有権と関税法337条」『経済研究年報』東洋大学経済研究所、第15号、1989年、55～71頁。

　第３章第３節は「エクソン・フロリオ条項と対外投資規制」『経済

論集』東洋大学経済研究会、第18巻第1号、1992年10月、55〜70頁。

　第3章第4節の一部は「輸出自主規制と安全保障―工作機械の事例―」『経済論集』東洋大学経済研究会、第14巻第1号、1988年9月、37〜49頁。

　順番に著作を家族に捧げているのは、かえって家族は迷惑なのかもしれない。今回は我が子の由佳子(21歳)と翔(17歳)に捧げることをお許し頂きたい。

黒川　修司

著者紹介

黒川　修司（くろかわ　しゅうじ）

1949年、神奈川県横浜市に生まれる。1978年、一橋大学大学院法学研究科博士課程単位修得。1990〜91年、ミシガン大学政治学部客員研究員、東洋大学経済学部助教授を経て、1993年4月より横浜市立大学文理学部教授兼大学院国際文化研究科教授、95年4月より改組した国際文化学部教授。国際政治学専攻。

主要著作

『日本の防衛費を考える』（ダイヤモンド社、1983年）、『赤狩り時代の米国大学』（中公新書、1994年）、『現代政治学の理論［上］』（白鳥令編、早稲田大学出版部、1981年）、『現代世界の民主主義理論』（白鳥令・曽根泰教編、新評論、1984年）、『平和への数量的方法』（日本平和学会編、早稲田大学出版部、1984年）、『日本型政策決定の変容』（中野実編、東洋経済新報社、1986年）、『国際政治の世界：新版』（細谷千博・臼井久和編、有信堂高文社、1993年）、『東アジアと冷戦』（山極晃編、三嶺書房、1994年）、『国際政治経済資料集』（滝田賢治・大芝亮編、有信堂高文社、1999年）。*U.S. and Japanese Nonproliferation Export Controls: Theory, Description and Analysis*, edited by Gary K. Bertsch, Richard T. Cupitt and Takehiko Yamamoto, University Press of America, 1996.

横浜市立大学学術研究会

横浜市立大学叢書3

ハイテク覇権の攻防——日米技術紛争

		[検印省略]
2001年3月30日	初　版第1刷発行	
2002年4月30日	初　版第2刷発行	

＊定価はカバーに表示してあります

著者Ⓒ　黒川修司／発行者　下田勝司　　　　印刷・製本　中央精版印刷

東京都文京区向丘1-20-6　　郵便振替 00110-6-37828
〒113-0023　TEL(03)3818-5521代　FAX(03)3818-5514
E-Mail tk203444@fsinet.or.jp

発　行　所
株式会社　東信堂

Published by TOSHINDO PUBLISHING CO., LTD.
1-20-6, Mukougaoka, Bunkyo-ku, Tokyo, 113-0023, JAPAN

ISBN4-88713-393-6 C1333 ¥1500E　Ⓒ S. Kurokawa

横浜市立大学叢書(シーガル・ブックス)の刊行にあたって

　近代日本は外来のモデルをいち早く導入することによって一流を維持できましたが、模倣の時代が過ぎ去った現代において、われわれは創造の試練をくぐり抜けなければなりません。知識人のあり方も、大学のあり方も、大きく変わっています。

　旧来のように社会から孤立する道をいち早く脱し、その逆に社会とかかわり、その荒波にもまれてこそ確たる真理を樹立でき、そうしてこそ学問の自由を守りぬくことができる、こうした時代になっていると思います。

　本学にはこの方向へと大胆かつ慎重に歩む教員が多数おります。また、その志を持つ教員の姿を目の当たりにする中で、優秀な学生が育っていくはずです。本学は教育・研究・社会貢献の三つの柱をともに重視していますが、教育と社会貢献の基盤もやはり研究にほかなりません。研究の質的向上なくしては、質の高い教育も社会貢献も達成しがたいと考えます。

　社会貢献の一端として本学の研究成果を広く学外に開放するため継続的に単行本を刊行しようという試みは、以前から何度かありましたが、諸般の事情から実現できませんでした。まさに21世紀の元年にあたって「横浜市立大学叢書」を刊行できたことに些かの感慨がないわけではありません。

　叢書の愛称シーガル・ブックスのシーガルはカモメであり、学生厚生施設の名称にも採用された、本学のロゴであります。もともとは校歌に「鴎の翼に朝日は耀(かがや)よい……」(西条八十作詞)と歌われたことに由来します。横浜市の最南に位置する本学の金沢八景キャンパスは、海(東京湾)に近く、構内は緑の丘(斜面緑地)に囲まれ、研究棟の屋上にはトンビが営巣、海辺にはカモメが舞い、人口340万の大都会とは思えない、自然に恵まれた環境にあります。

　本叢書は毎年発行する計画ですが、10年、20年を経るなかで、連鎖的に大きな役割を発揮すると確信しています。編集の狙いは、平易に書かれた専門書、あるいは知的刺激に富む入門書を公刊することです。横浜市立大学叢書(シーガル・ブックス)は地域社会と人類社会への本学の貢献の一つです。厳しく暖かいご声援をお願いします。

　平成13(2001)年　春　吉日

横浜市立大学学術研究会　会長
横浜市立大学　学長　加藤祐三